# 学級愉快Ⅱ

～きらり、ほろり、しんみり、今伝えたい涙の実話～

松村 二美
Matsumura Fumi

風詠社

# はじめに

やっと再会できた。長年の夢が叶《かな》った。夏の暑い日だった。

松本先生は、六年前に開かれた小学校の第一回同窓会《どうそうかい》に出席されて以来、ぱったりと出席されなくなった。不運《ふうん》にも私は、第一回同窓会の日と、娘の結婚式が重なり出席できなかった。先生が出席されたことが分かり大変残念だった。

その後、先生のご主人様がお亡《な》くなりになり、すっかり精《せい》をなくされた先生は、半病人となり、ほとんどをベッドの上で過ごされるようになった。お友達や昔の同僚《どうりょう》や教え子などとも、全く会わないようになられたということを、先生の近くに住んでいるという小学校時代のお友達から聞いていた。

私も、東京から電話をかけてお会いしたいと言ってみたが、こうおっしゃった。

「若く元気だった時代の私を、心の中で思い出していて……」

やっぱりそうか……、決して誰とも会おうとしないというのは本当だったんだと思った。

しかし会いたい気持ちは募《つの》る一方だった。

それというのも、先生は、私が教師になりたいという強い思いをもたせてくださった最初の先生だったからだ。実際に教師になり、定年《ていねん》まで無事《ぶじ》に勤《つと》められたのも先生のおかげだと思っている。お互いに人生を終えてしまわないうちに何としても会いたい。いや、会わないと死んでも死にきれない。

そう思った私は、意を決して強硬手段《きょうこうしゅだん》に出た。事前《じぜん》にお手紙や電話で約束はできない。それならば、アポなしで会うしかない。日曜日なら、先生の娘さんがきっと家にいらっしゃるのでは？……　娘さんが出られたら、先生に断られても、あきらめないで会っていただけるまで粘《ねば》ろう。

先生の住所は今もはっきり覚えている。とうとう先生の家の前に来た。帽子《ぼうし》をかぶりなおし、深呼吸《しんこきゅう》をしてインターフォンを押した。

「東京から来ました。松本先生の教え子で、どうしても先生にお会いしたくて参りました。松村、旧姓《きゅうせい》西川と申します。もし先生が起き上がれないようでしたら、私が枕元《まくらもと》に参《まい》りますから……」

「あ、はい、しばらくお待ちください。『学級愉快《ゆかい》』に母のことを書いてくださった方ですね」

「あっ、そ、そうです」

ドキドキした。間もなくして、

「どうぞ、こちらへ」

と、娘さんが門まで迎《むか》えに来てくださった。玄関《げんかん》に入りそこでしばらく待った。やがて、娘さんに手をひかれ、昔より一回りも二回りも小さくなり、よろよろと出て来られた先生。一瞬《いっしゅん》、えっ、と思った。時の経過の大きさに愕然《がくぜん》とした。なぜ先生がもっとお若い時にお会いしなかったのかと後悔《こうかい》した。それでも、私を見つめたまなざしは、昔の優しさそのままであることにホッとした。

「二美《ふみ》ちゃんか？　えっ、本当に二美ちゃん？　まあ、丈夫《じょうぶ》になって……」

「先生……」

言葉より先に涙がどっとあふれた。先生の優しさがこんな時にも表れている。小学校の時の私は吹けば飛んでしまうほどの痩《や》せっぽちで、虚弱《きょじゃく》な感じだった。こんな時にも太ったねとは決しておっしゃらなかった。

五十五年ぶりの再会に、言葉が出ない。二人ともただただ黙って抱き合って泣いていた。五十五年分の思いを胸に……。

リビングに通されてからも、涙は止まらない。

先生は昔、少しふっくらして若くてきれいで、声まですきとおっていた。何よりも優しかった。今は、痛々しいくらいに痩せていた。三十八キロくらいしかないという。しかし、声には今も優しい響《ひび》きがそのまま残っていた。

放課後、先生の肩をもみながら色々な話をしたこと、時にはご褒美《ほうび》にあめ玉をもらったこと、自分が中学生の時に、先生に赤ちゃんができて、毎日病院に寄ったこと、時にはマーケットへの買い物を頼まれて、病室でいっしょに夕ご飯をいただいたこと等、色々と話した。さらには、あの当時、桜井公園の丘の上でいつもいっしょに歌った『丘に上《のぼ》れば』という歌を、二人で口ずさんだ。またしても、二人して涙を浮かべた。

「今も、ここから空を見ながら毎日口ずさんでいるのよ……」

優しい昔ながらの瞳《ひとみ》だ。楽しそうに笑ってくださった。リビングの窓から見える真っ青な夏の空がまぶしかった
そばで終始《しゅうし》黙って聞いていた娘さんが言われた。

「五分とイスに座っていられないのに、今日はもう四十分も座れたね」

「えっ、そうなんですか。それは大変。本当によく会ってくださいました。本当に本当にうれしいです。もう失礼しますね。また何とか同窓会《どうそうかい》に出てください。迎えの車を出してもらいますから。いっしょに歌を歌いましょうよ」

「ありがとう。二美《ふみ》ちゃん、本当によう来てくれたなあ」

両手をとっておっしゃった。

帰りがけに、千葉のセカンドハウスで栽培《さいばい》している生ブルーベリーと、そのジャムをお渡しした。

お会いできて、本当に良かった。あれから毎日、先生との再会の感動をかみしめている。

松本たみ江先生からは、学校の楽しさや感動を教わった。松本先生のような先生になって、私も子供たちを楽しませたい、感動させたい、そう思って教師になった。もっともっと前にお会いし、感謝をお伝えするべきだったと後悔《こうかい》した。

私は教師になったが、松本先生のような存在にはなれなかったかもしれない。むしろ、子供たちや保護者、同僚《どうりょう》から多くの感動を与えていただいた。せめて、それらの経験や思いを広く伝えることが教師として生きてきた私のつとめであり、自分にできる最後の教育実践《じっせん》の機会なのではないかと思った。

二年前に『学級愉快《ゆかい》』を出版できて良かった。あの本があったから、数多くの大切な人たちに再会できたと思っている。

松本先生との再会を果たしただけでなく、連絡が途絶えていたたくさんの教え子との交流も復活した。二十六年ぶりや二十八年ぶり、三十九年ぶりの再会を果たした教え子もいた。今年の夏も新たに再会できた教え子がいる。

他《ほか》にもうれしかったことがたくさんある。

出版社に届いた愛読者《あいどくしゃ》カードで、香川県の校長先生と知り合いになり、研究授業の講師に招いていただいた。また、ある大学の学生たちが書店に行きおすすめの本を選ぶ『選者《せんじゃ》ツアー』で私の本を選んでくださったり、ある学園が募集した『先生方にすすめたい本』

に選んでいただいたり、関西《かんさい》のラジオ『おはようパーソナリティ道上洋三《どうじょうようぞう》です』の今日の本のコーナーで紹介されたり……。

ある学校から学級でのいじめを相談された時には、色々とアドバイスをさせていただいた。解消されたという知らせに喜んでいる。また、近所の小学校や老人福祉施設では、朗《ろう》読《どく》ボランティアとして自分の本を読む機会もいただいた。子供たちからは、

「感動した。自分も見習ってそういう生活をしたい」

「夢をもち、もっともっとがんばろうと思った」

このような夢のある未来への希望を語る感想をいつももらっている。

お年寄《としよ》りからは、

「本当にいいお話で涙が出ました」

「感動しました」

「もっと聞きたいです」

などと身に余るお言葉をかけていただいている。

今、私は東京と千葉を行ったり来たりしている。

千葉では、ブルーベリーやブラックベリーやラズベリーなどを育てたり、有機無農薬の野菜を作ったり、他の果物も栽培している。夏には、全国にいる友達や教え子、昔の同僚《どうりょう》、

最近できた友達などが泊まりがけで収穫に来るので、二階は大勢が泊まれるように民宿風の作りにしている。教え子が十人以上泊まりに来たり、教え子のお母さん方が五人で泊まりに来たり、高校時代の同窓生が奈良から八人で泊まりに来たこともあった。

その合間に、奈良に住む母や福島にいる義母の様子を見に行く。奈良の九十歳を超《こ》えた母親はまだ動けるので、二、三泊の温泉旅行にも年に三回は連れて行く。四国や品川、流山に住んでいる子供や孫の様子も見に行く。それから九月には二週間以上も利尻《りしり》・礼文《れぶん》にサケ釣りにも行く。東京に帰るのは、エッセイ教室や病院通い、銀行に行く時だ。人と会う時もある。

このようにして、めまぐるしく全国各地を移動しながら、今も教え子や保護者、同僚《どうりょう》から得た感謝・感動を書き続けている。

こんな日々を送っている最近の私だが、多くのみなさんの後押しもあり、おかげさまで第二弾を出版させていただいた。私の本を初めて読まれる方も、今作を待っていてくださった方も、楽しんで読んでいただけたらうれしいな。この本を手に取ってくださったことに感謝しています。どうもありがとう。

※本文中に登場する人物や学校、場所など、多くの名称は関係者に配慮《はいりょ》し仮名とさせていただきました。

装画&挿絵　カモシタ　ハヤト

学級愉快Ⅱ

# 目　次

## 第三章　人の思いはきっと伝わります

## 第四章　教師という職業が私にくれたもの

# 二十六年ぶりの再会

人は、自分の運命を予知する能力があるのだろうか？

亜矢子《あやこ》は、とにかく私に会いたがっていた。いや私だけでなく、あの小学校五年生の仲間たちにも……。亜矢子自身が人生で最もしあわせで楽しかったという時をいっしょに過ごした私たちに、もう一度会いたいと言っていたという。

思い起こせば、亜矢子と最後に会ったのは、亜矢子の中学校卒業の日。あれからもう二十六年の歳月がたっていた。


今から七年前のことだ。亜矢子の友達の前田香澄《かすみ》から、

「亜矢子が先生にとても会いたがっています。今度、三人で会いましょう」

というメールが入った。香澄とは、ずっとメールのやり取りをしたり、会ったりしていた。折しも私が定年を迎える年であったから、ひときわうれしく何か運命めいたものを感じた。私も会いたかったので、

「私も会いたいです。連絡を取って、場所と日時を調整してくださいね」

そう返信した。ところが、なかなか返信が来なかった。二人とも忙しくて都合のよい日

が見つからないのだろう……、そう思っていた。それから間もなくしてやっと返信が届いた。

「亜矢子に子宮《しきゅう》がんが見つかりました。しばらくは治療《ちりょう》に専念するそうです。会うのはもう少し先になりそうです。時間をくださいね」

全く予想だにしなかった文字を見て、心臓が激しく音を立てた。まだ三十四歳の亜矢子。若いだけに進行が早いのでは?……。大丈夫かしら? 見上げた空もどんより曇っていた。

それからずっと、何のメールも入らず、気が滅入る日が続いた。

その頃、私の方は、定年退職、嘱託勤務《しょくたくきんむ》、再び定年、そしてエッセイ執筆と、変化の激しい日々を送っていた。彼女は無事か?……と幾度《いくど》も思ったが、消息《しょうそく》を尋ねるのが怖《こわ》かった。自分から会いに行けばいいのに……と思いながら、何度も何度も行こうと思ったが、どうしても一歩が踏み出せないでいた。

そうこうしているうちに七年の歳月がたったある日、亜矢子本人から突然メールが入った。

「友達から、先生がご本を出されたことを聞き、さっそく購入《こうにゅう》し読ませていただきました。感動しました。アマゾンにレビュー入れますね」

メッセージを見た瞬間、とてもうれしかった。何度も何度もメールを読み返す。彼女は病気に打ち勝ち元気でいてくれたのだ。

その後、約束通りアマゾンにレビューが入った。五月のことだった。

八月三日、その日は私の誕生日だった。亜矢子は、友達の本宮雪菜といっしょに千葉のセカンドハウスに遊びに来てくれた。二十六年ぶりに実現した再会――本当にうれしかった。ようやく彼女と会えた。感無量《かんむりょう》だった。もっとたくさんのお友達とも会わせたいと思って声をかけたが、残念ながら家庭の事情やお仕事の都合でだめで実現しなかった。

久しぶりに会った亜矢子はますますきれいになっていた。小学生の時も目鼻立ちが整った美人だったが、ちょっとぽっちゃり型の体型だった。しかし、今は長身でかわいそうなくらい痩《や》せていた。でも、理知的で身体《からだ》全体から優しさがにじみ出ていた。彼女は、今日までの自分の人生をかいつまんで話してくれた。その話しぶりは若々しく元気そのものだった。

ああ、よかったなあ。小学校の頃の元気な亜矢子のままだ。元気になってくれてよかった。心底《しんそこ》そう思った。

……しかし、その日は、突然やってきた――

十三泊十四日の北海道旅行最終日の前日、上富良野《かみふらの》から函館《はこだて》に向かう列車の中でメールが入った。疲れていたので、ホテルに着いてからメールを見よう……、そう思った。

ホテルの部屋に入って一息つき、メールを開いた。

教え子の雪菜からだった。

「先生の携帯《けいたい》の電話番号が分からないのでメールでお知らせします。たった今、亜矢子ちゃんの姉の由紀ちゃんから連絡をいただきました……」

そこまで読んで、不吉《ふきつ》な予感がした。

「亜矢子ちゃんが昨夜亡くなったそうです……明日……」

目の前が一瞬《いっしゅん》にして暗くなった。えっウソ！　そう思いたかった。急に胸が苦しくなり、暗い海の底に投げ込まれたような感じがした。その先が涙ではっきり読み取れない。お通《つ》夜《や》や告別式《こくべつしき》の文字が見え隠《かく》れしていたが、ショックで何も考えられない。八月三日から、まだ一ケ月と少ししかたっていないというのに……。


再会した八月三日のことが鮮明《せんめい》によみがえってきた。

当日、焼肉パーティをしたが、彼女は肉を食べないで、わずかにホタテやイカを食べていた。我《わ》が家の菜園《さいえん》で亜矢子自らが収穫《しゅうかく》したオクラ、ピーマン、茄子《なす》、インゲン、ゴーヤ、カボチャなどを本当においしいと、目をクリクリさせながら食べてくれた。摘《つ》んだばかりのミニトマトを頬張《ほおば》って、

「うーん。おいしい。しあわせ・・・・――」

そう言って、顔を輝かせていた。

食後には、美しいソプラノでハッピーバースデーを歌ってくれた。カットしたチョコレートケーキと、私が焼いたチーズケーキをこれまた本当においしいとほめてくれた。三時のおやつにスイカやメロンも食べてくれた。

「私、こんなにたくさん一度に食べられたのは初めてです。先生や雪菜ちゃんにお会いして、とてもうれしくってうれしくって、食欲が湧《わ》きました」

彼女は七年前に三十四歳で子宮がんを発症《はっしょう》し、その後、教え子からの情報によると極《きわ》めて悪性で末期《まっき》に近い状態だったと聞いていたが、それから七年もたっていたので、きっと完治《かんち》したんだ。だからこんなに元気になったのだと勝手にそう思っていた。

それくらい、その時の彼女は輝いていた。

彼女がフィリピンにボランティア活動をしに行った話もしてくれた。

「物質面で本当に乏しく、終戦間もない頃の日本の状態というところです。ある施設を訪問した時、食べ物も満足にない中で子供たちは、訪問者である私を喜ばせたくて、自分の分からメインとなるおかずをくれようとするのです。私が、『自分の分だけで十分《じゅうぶん》だからどうか食べて』と言うと、とても残念そうな顔をするので、一口ずつもらうことにしました。すると、とてもうれしそうな顔をして、『亜矢子を喜ばせることができてうれしい』って、キラキラした笑顔で言うんです。破れたTシャツは、輪ゴムで縛《しば》っていたり、ビーチサンダルは鼻緒《はなお》が取れていたり……、それでも子供たちは文句ひとつ言わず、いじめもありません。

夜になり、散歩に行こうと言われて、子供たちと手をつないで歩いていると『なんてしあわせな夜なんだろう。あんなきれいなお月様を亜矢子といっしょに見ることができるなんて……、そして行ったことのない日本の話を聞くことができるなんて、神様に感謝しなくっちゃ』と、小学生の子供に言われたんですよ。フィリピンはクリスチャンの国のせいか、信仰心《しんこうしん》が篤《あつ》く、家族をとても大切にしているようです。

私は、英語ができて本当に良かったと思えました。人々と通訳なしで直接向き合える、だから深く関わることができたので、なおさら感動できたのだと思います」

彼女の話に引き込まれ、涙がこぼれた。そして、英語を通して世界を広げることの大切さを彼女から教えられた。

「私はそれ以来、しあわせの尺度《しゃくど》って、素晴らしい地位や職業、豪邸《ごうてい》やブランド品の数々……、そういったものを持っているからしあわせなのではなく、小さなことに感謝し、感動できる心を持っていることこそ、真のしあわせなんだと思えるようになりました。

そう言えば、『感動しました』が、松村先生の口癖《くちぐせ》でしたね」

三人で顔を見合わせて思いっきり笑った。

「日本の子供たちは確かに物質面では豊かで恵まれていますが、心の豊かさではフィリピンの子供たちにかなわないなあと思いました。月が美しいと心底感じられる子供たち、外国の訪問者からその国の話を聞くことがうれしいと思える子供たちの心に、私は多くを教わりました。

離婚や病気から多くのことを学べたこと、両親が健康で援助《えんじょ》してくれること、子供が健やかに育ってくれていること、こんな私を心底《しんそこ》心配し助けてくれるたくさんの友人や知人がいること、なんてしあわせなんだろう。今日、おいしいブルーベリーやお野菜をたくさん収穫させていただいたことも、とてもしあわせ――」

一気に話して、本当にしあわせそうに笑った。

「亜矢子、そのうちフィリピンにボランティアに行った時の話を本にまとめて、私に読ませてね」

「はい、そうしたいです」

うれしそうに笑った瞳が忘れられない。

その夢は、わずか四十一年で途切れてしまった。悲しいというより、悔《くや》しいし、残念でならない。

「私に財力があれば、先生の本をいっぱい買って、お友達に配れるのに……。早く、続編《ぞくへん》が読みたい……。せめて、近所の図書館に本を置いていただけるようにお願いしてまわりますね」

そう書かれた彼女のメールを読み返すと、また文字がぼやける。

亜矢子、月を見たら亜矢子を思い出すよ。
今日は、特別きれいな月だよ……

# 学級愉快 Ⅱ

# 第一章

# やっぱり子供たちが大好きなのです

# 学校に来たら私の息子

「松村先生ちょっと……」

放課後、昨日実施したテストの答案用紙を職員室に取りに来た時、校長から呼ばれた。

「はい、何でしょうか?……」

「今日、勤務が終わったら渡辺義明君の家に行ってください。昨日午後から先生が出張されていなかった時の話らしいですが、掃除《そうじ》の時間に北中久君にお腹《なか》のあたりを殴《なぐ》られて、家に帰ったら義明君がもどしたそうです。お父さんが、けしからんと怒《おこ》って電話してきましたよ! 今日、義明君は欠席ですか?」

「いいえ。元気に来ていましたが……」

「そうですか……。渡辺君や北中君やその他の子供たちから、昨日の掃除の時間のことで何か申し出がなかったのですか?」

「はい、何もなかったです。子供がもどすようなケンカがあったとしたら、我《わ》が学級は正《せい》義《ぎ》感《かん》の強い子供たちが山ほどいるので、必ずや何か報告をしてくれるはずですが……」

「まあいいです。とにかく松村先生が家に来るように……と、父親が言っているので、行ってください。どういうことになったかは、明日、必ず私に報告してください」

何がまあいいのか、ちっとも分からなかったが、話はそこで終わった。

昨日の五、六時間目にテストを四枚も実施したので、その採点がたまっていて、一気に採点しようと張り切っていたのに、そんな気持ちが音をたててしぼんでしまった。

私は学級の子供たちを信じたい。いや信じている。そのような大きなケンカがあれば絶対に私に伝えてくれるはずだ。第一、渡辺義明君は痩《や》せていて学級で一番背が低く、おとなしくて友達に対していやなことを言うこともない。友達とケンカしている姿さえ見たことがないほどだった。それに北中久君も、何もしない友達を殴《なぐ》るような子供ではない。学習も運動もよくできて、しかも優しいときている。みんなの人気者だ。そんな二人が殴り合うなんてありえない。

教室で採点していても、心ここにあらず……、全《まった》くはかどらない。子供たちはすでにみんな下校している。思い切って久君に電話することにした。

職員室からではなく、主事室《しゅじしつ》で電話をした。見栄《みえ》を張っている自分が少しばかりいやだった。

「もしもし、北中さんのお宅ですか？」

「あっ、松村先生。僕です、久です」

「あーら、久君。ちょうどよかったわ。変なことを聞くけれどゴメンナサイ。昨日先生が出張して、午後からいなかった時のお掃除《そうじ》の時間のことだけれど、何かあった？」

「いえ、何もありませんでしたが……」

「本当に？　何もなかった？　よーく思い出してくれる？」

「あ、そう言えば、僕が持っていたほうきの柄《え》の先が、義明君のお腹《なか》か胸かどこかに当たってしまって……、ゴメンと謝《あやま》ったら、大丈夫《だいじょうぶ》と言って許してくれました」

「まあ、そうだったの……。よかったわね、すぐ謝って……そして許してもらって。それ以外は何もなかったよね」

「はい、ありません」

「そう、分かったわ。ごめんなさいね。変なことを聞いて……」

「いいえ」

　電話を切って安心した。やはり信じていてよかった。久君は故意《こい》にお腹を殴《なぐ》ったわけではない。やはりお父さんは誤解《ごかい》されているようだ……そう思った。これで堂々と胸を張って義明君の家に行ける。ホッとひと息ついて、安心してテストの採点に集中することができた。

　五時半を過ぎたので、義明君の家に向かった。

　お父さんは何かの職人さんと聞いていた。家に着いたらもうすでにアルコールを飲んでいた。かなり前から飲んでいたのか、顔がほんのり赤みを帯びていた。見るからに職人さんという感じのする人だった。イスに腰掛《こしか》けるように言われた。

「先生、わしの息子は背も小さくてきゃしゃで、見るからに弱弱《よわよわ》しいところがあるので、学級のみんなからいじめられているんじゃあないかい？」

「いいえ、そんなことはないです。我《わ》が学級の子供たちは、みんな仲間意識が強くていじめは絶対にありません」

「それなら、なんで息子はお掃除《そうじ》の時間に殴《なぐ》られてもどしてしまったんだ」

「お父さん、それは誤解です。わざと殴ったのではなく、ほうきの先が義明君に当たったそうですよ」

「そう言って、先生は相手の子供をかばうのですか。けしからん！　相手の子供が優秀な子供なので、えこひいきしているんじゃあないかい！」

「お父さん、そんなことは絶対、神に誓《ちか》ってありません。私の学級の子供たちは、何もしていない子供を殴るようなことは誰も致しません。もし、するようなことがあったら、みんなで、やめろよと止めに入ること間違いなしです。昨日は何事も報告がなかったので、絶対にわざと殴ったということはあり得ないのです」

「ほーう。先生は出張していたというのに、子供たちのことがよく分かりますね」

「はい、私は子供たちを信じていますから。一人一人が大好きですから。もちろん、義明君のことも大好きですから……」

義明君のことも大好きというところで、お父さんがピクッと反応した気がした。

「そうですか……、先生は義明のことが大好きですか……」

「もちろんです。学級の子供たち一人一人が大好きです」

「そうですか……」

突然、お父さんが鼻の下をこすった後、声を高めた。

「おい、義明こっちへ来い。先生の言ったことは本当か？ 殴《なぐ》られたのではなく、たまたまほうきの先が当たったのか？……」

義明君は首をうなだれて、すごすごとやって来た。小さな彼がさらに小さく見えた。

「本当だよ。僕がお父さんにそう言っても、勝手に殴られたと思い込んで……、それにもどしたのだって、風邪《かぜ》をひいていて気持ちが悪かっただけだと言っていたのに……」

一生懸命に父親に向かって叫んだ。遠くで成り行きを見守っていたお母さんも、

「そうですよ。私もわざと殴られたのではない……と、いくらそう言っても、この人は言うことを聞いてくれなくって……。先生ゴメンナサイね。さっき校長先生にまで電話したんですよ。本当にゴメンナサイ。先生にご迷惑《めいわく》をおかけしてしまって……。松村先生は小

さなお子さんを育てながら、学級の子供たち一人一人もかわいがってくれて、遅くまで仕事をされているのですよ。その先生を呼びつけるなんて……」

「そうか?……、わしは、義明が小さくて弱々しいから、強い子供にやられてるとしか思えなかったんだよ！　もしそうならわしが守るしかない、そう思ったんだよ。だって義明は、かわいいかわいいわしの息子なんだから……」

「学校に来たら、私の息子ですよ！」

「えらい！　先生いいこと言うね。気に入った。一杯飲みねえ」

「お気持ちは大変うれしいのですが……、私はお酒が飲めないのです。ゴメンナサイ」

「そうか……。それは残念だな。松村先生、気に入ったよ。これからもうちの息子をよろしく頼むな！」

「はい。こちらもどうぞよろしくお願いします。学校と家庭は連携《れんけい》しないと、より良い教育はできませんから……」

「いや〜、先生は今でも十分《じゅうぶん》良い教育をやってくださっていますよ」

いつの間にか、お母さんもテーブルの前に腰掛《こしか》けていた。おどおどしていた義明君の顔も、いつもの明るく穏《おだ》やかな顔に戻っていた。

「そうだ、先生。酒が飲めねえのなら、寿司《すし》食いねえ。おっかあ、寿司の上を、人数分大《だい》

「至急持って来るように出前頼め！」

「あの〜、お気持ちだけで十分です」

「なに、わしの勘違いで悪かったと思っているんだ。そのお詫《わ》びの、わしの寿司が食えねえと言うのか……、わしの顔をつぶすのか！」

すごい剣幕《けんまく》でどなられた。職人気質《かたぎ》のお父さんらしい。また、ひと悶着《もんちゃく》あったら困るので、しぶしぶお寿司をいただく羽目《はめ》になってしまった。義明君もお母さんも喜んでくれたので、その点だけは良かった。

あれから二十年以上の歳月が流れた。大手家電販売店へ電気製品を買いに行った時のこと。

「松村先生、お久しぶりです。渡辺義明ですよ。いやー懐《なつ》かしいです」

突然声をかけられて、ビックリした。

そこには、背が小さくて弱々しかった彼の姿はもうなかった。背がすらりと伸びて、なかなかハンサムで凛々《りり》しくなっていた。

「義明君、大きく立派になったね。……、ところでお父さんたちお元気？」

「母は元気ですが、父は肝臓《かんぞう》の病気で亡くなりました」

「まあそうだったの。会いたかったなあ……」

「父も、そう言っていました……」

早く亡くなったのは、お酒がお好きだったからかなあ？……。

上等の寿司を食べると、今も決まって義明君のお父さんのことを思い出す。

# 負けてもいいから…

私は『勝つ』ことが大好きな人間である。

オリンピックは、勝つことよりも参加することに意義があると言われているが、あれは嘘《うそ》である。もしそれが本当ならば、一位の選手も三十八位の選手も同等な扱いをされるべきだ。しかし、現実はどうだろう。優勝すれば新聞の一面のトップに「○○堂々の金メダル」と、特大の写真付きで報道される。テレビにも雑誌にも何度も喜びの声が報じられ、帰国後も英雄《えいゆう》扱いである。一方、三十八位だった選手は三面記事の片隅《かたすみ》に、「○○、惜《お》しくも三十八位で終わる」と見逃《みのが》されるくらいのスペースに三、四行で報じられる程度だ。

参加することに意義などあろうはずがないというのが持論《じろん》で、常日頃から教え子たちには、参加するからには勝てと教えてきた。だから、教え子たちは必死にがんばって担任の期待に応えようとした。現に、隣《となり》の学級との野球大会でも、バスケットの試合でも、連合陸上大会でも、ことごとく勝ってきた。それを私はとっても喜んでいた。

ある年、一年生から六年生までがすべて四組まであった。各学級を赤、白、青、緑と四色に分ける運動会が開かれた。四色対抗のリレーもあった。何と、四色とも、アンカーは

全部自分の学級の子供であった。応援のしようがなくて、

「みんな、みんなガンバレ――」

「とにかく、ガンバレ――」

と、声援するしかなかったという笑い話さえある。

もちろんがんばってもトップ争いに加われない子供には、他の分野での活躍を支援《しえん》した。

〝参加するからには勝て〟そういう私の思いを、いつも子供たちは忘れたことがなかった。


ある年、マラソン大会があった。学年の全児童が一斉《いっせい》に走る。前日に予備の大会があり、早かった者から大会当日には、前列からスタートすることができる。

運動神経抜群《ばつぐん》の一郎君には、特に期待をかけていた。

「頼むよ一郎君」

彼は野球でもバスケットボールでも、何でも私の期待に応えてくれていた。しかしマラソンは、一組の健君が優勝候補《こうほ》と目《もく》されていた。四年生までは、ずっと健君が一位を取っていたらしい。

楽しみな予備大会の日がやってきた。校庭を二周して外に出て行くのである。一郎君は出て行く時は、前から十番目あたりを走っていた。どのくらいたったであろうか？　裏門

付近が騒がしくなってきた。いよいよトップの子供が入ってくるようだ。私は裏門を注視《ちゅうし》した。子供の姿が大きくなってきた。トップは彼である。しかし、すぐ後を二位の健君がぴったりとくっついている。肩を並べた。大ピンチである。

「一郎がんばれー、負けるな～」

大声援を送った。

彼は必死の形相《ぎょうそう》で、最後の力を振りしぼった。少しずつ少しずつ二位との差が開いてきた。

「やった～一位だ」

喜んだのもつかの間……とんでもないことが待っていた。何ということだろう。ゴールをした彼は、よろよろと倒れこんでしまったのである。保健室に担《かつ》ぎ込まれていった。私は、すぐさまその後を追った。顔面蒼白《そうはく》になっているのが自分でも分かる。自分も倒れそうなぐらいだった。

彼に、もしものことがあったら……、不吉《ふきつ》なことが頭をよぎった。私のせいだ。もしものことがあったら、私は即、教師を辞《や》めよう。いや、辞めただけで許される問題ではない……。どうやって償《つぐな》おうか……。いや、それより何より、一郎君にもしものことがあったら、自分は生きていていいのだろうか?……。

次々と色んなことが頭をよぎり、混乱していた。へなへなと床に倒れ込んだ私を見て、ベッドの上から彼は言った。

「先生、僕は大丈夫《だいじょうぶ》ですよ。昨日風邪《かぜ》をひいて熱が出たんです。それなのに、今日、無理をして走ってしまって……　ごめんなさい。心配かけて……」

私は涙があふれそうになった。

先生が勝てと言ったので、無理して走って倒れた。何と言われても仕方《しかた》がないところを、彼は私をかばってくれた。私は余計《よけい》申し訳ないと思った。

「風邪をひいていたのに、無理して走らせてしまったね。悪かったね。明日は負けてもいいよ。一郎君の体の方が大切だから……あなたに、もしものことがあったら、それこそ先生はショックだから……負けてもいいよ。無理しないで……」

と言った。彼は無言《むごん》で聞いていた。

マラソン大会当日、空はすっきり晴れていた。私は勝ち負けより、彼の体の調子を心配していた。

「無理しないでよ。負けてもいいから……」

スタートラインに立った一郎君に、また声をかけた。ピストルの音とともに一斉《いっせい》にスタートが切られた。途中でも、彼が倒れないかなあ～と、ずっと心配していた。ゴールしたタイム順に整列させる係の準備をしている時も、彼の体調ばかり気にしていた。やがて、裏門の方から、参観《さんかん》していた保護者の歓声《かんせい》が上がった。

トップの子供が入ってきた。な、何と、トップを走っているのは、紛《まぎ》れもなく彼であった。しかも二位がまだ見えない。ダントツの一位である。今日は足取りもしっかりしている。余裕《よゆう》の表情でゴールテープを切った。

「すごいね。やったね一郎君。おめでとう」

大きな拍手《はくしゅ》を送り、抱きしめた。

教室に戻ってからも、みんなで健闘《けんとう》をたたえた。大きな拍手をし、給食の時間には牛乳で乾杯《かんぱい》もした。みんなで彼をう～んと賞賛《しょうさん》した。彼はみんなの前で言った。

「あの、負けるのが大嫌いな先生が、いつも参加するからには勝て！ と教えていた先生が、負けてもいい、なーんて、三回も言うんだもの。僕は思った。余計《よけい》負けられない。明日は何があっても、絶対、絶対、負けられない。先生のためにも絶対、勝とうと思ったよ。昨日、薬を飲んでぐっすり寝て、今日に備《そな》えた……」

それからの私は、ちょっと変わった。〝参加するからには勝て！〟という教えは、変わらなかったが、その後に、ちょっぴり言葉が加わった。

「しかし、命をなげうってまでは勝たなくても良い。命は最優先《さいゆうせん》されるものである」

## 連絡帳《れんらくちょう》はこういうことに使いたい

連絡帳と言えば、ほとんどが子供の欠席届か、遅刻か早退の連絡用に使われる。時には教師に対してのお願いや、苦情《くじょう》まがいのことが連絡されることもある。

冬になってインフルエンザが流行すると、教室の私の机の上に山と積み上げられることもある。見た印に松村と名前を書くだけでは気が済《す》まない、損な性格の私。

「お大事になさってください」

「早く熱が下がるといいですね」

「元気になって登校されるのを待っています」

「もうすぐ蒼太《そうた》君が大活躍されるだろうマラソン大会があります。それまでに治るといいですね」

「ムードメーカーの武雄君がお休みだと寂《さび》しいです。早く治して登校してくださいね」

「祥子《しょうこ》ちゃんの明るい笑顔が見られないと元気が出ません。早く治してくださいね」

等々、ついつい何かしらの言葉を添《そ》えてしまう。そうしているうちに、いつしか膨大《ぼうだい》な時間を費《つい》やしてしまうのだった。

かく言う私も、娘たちの連絡帳を使って連絡していた。と言っても、丈夫《じょうぶ》で元気だけが取《と》り柄《え》の娘たちはほとんど学校を欠席しなかったので、そういう連絡ではない。

欠席は欠席でもたいていは自分用の欠席届だった。

「今日の保護者会は、どうしても休暇《きゅうか》が取れません。申し訳ありませんが欠席させていただきます。何かありましたらご連絡をいただければうれしいです」

「今日の授業参観《さんかん》は、勤務先の学校行事のため欠席させていただきます。参観できますことを楽しみにしていましたが残念です。次回を楽しみにしております」

振り返ってみれば、ひたすら自分の仕事を優先して、娘たちを犠牲《ぎせい》にしてしまったザンゲの「欠席届」専門だった。

この何の変哲《へんてつ》もない連絡帳が、保護者との心を結ぶ愛の絆《きずな》の連絡帳に変身した。

青葉小学校に赴任《ふにん》して間もなくのこと。いつものように、机上にポツンと連絡帳が載《の》っていた。玉井直明君の連絡帳だった。なんだか心持ち光り輝いているように見える。おもむろに開いた。

「今日、学校から帰った直明が、興奮気味《ぎみ》に話してくれました。『先生からほめられたんだよ国語の時間に。直明君の発言スゴイ！　いいねえ、よく登場人物の気持ちを読み取ったね。そこまで読み取れる人はなかなかいない！　スゴイ！　と何度も何度もほめられたんだよ』って顔を真っ赤にして一気にまくし立てました。よほどうれしかったんですね。直明は四年生まで先生にほめられたことなどなかったので、子供も私も天にも昇るような気持ちになりました。本当にありがとうございます。先生の教育に期待します。今後ともよろしくお願いいたします。玉井」

読んだ途端《とたん》、心に花が咲いた。何ともしあわせな気持ちが沸々《ふつふつ》と湧《わ》いて来た。

「こちらこそありがとうございます。良い発言を良いとほめましたことを親子でこんなに喜んでくださりうれしいです。良いお母さんに出会えてよかったです。転勤《てんきん》して来て、初めて担任した学級でまだ日も浅いので、正直申《しょうじき》しまして何か私の指導に対する注文が書かれているのかと、ドキドキしながら拝見させていただきました。お子様のお話とお母様の正直で優しいお気持ちに心より感謝いたしました。がぜんやる気が湧いて参りました。お励《はげ》ましありがとうございます。これからもがんばります。よろしくお願いします。松村」

書き終えた後もウキウキし、直明君に連絡帳を渡す時も、満面《まんめん》の笑《え》みをたたえた。

「直明君、ありがとう。お母さんにもありがとうと言っておいてね」

くどいほど言った。それから後も温かな連絡帳は続いた。

「『体育の時間に、跳び箱が上手で師匠《ししょう》級だね。スゴイ！　みんなのお手本に跳んでと言われ何回もみんなに見せたよ』と喜んで帰ってきました。ありがとうございました。玉井」

「『日記をみんなの前で読んでもいいかと言われて、いいよと言ったら読まれて、みんなもこういう風に書くといいね、表現力があって自分の気持ちや周りの様子《ようす》もよく表している。なかなかうまいね』とほめていただいたと喜んでいました。ありがとうございます。玉井」

「最近、夕ご飯のお米を研《と》いで炊飯器《すいはんき》にかけてご飯を炊《た》いてくれるようになりました。時には、おかずまで一品作ってくれます。とても助かっています。玉井」

「昨日、少年野球の試合でホームランを打ちました。賞品にバット型のボールペンをいただきました。『僕はまだまだ打てるから、これを先生にプレゼントするんだ』と言います。ぜひ受け取ってください。玉井」

次から次へと温かな連絡が入ってきた。

毎日毎日、気持ちよく働けた。もちろん意識的に直明君ばかりほめていたわけではない。密《ひそ》かに『ほめられ表』を作り、私がほめたことを表に具体的に書かせた。音楽や図工《ずこう》や家庭科の時間、その他クラブ活動や委員会活動等、あらゆる先生からほめられたことも書かせた。それを定期的に見ては、ほめられる回数の少ない子供にできるだけ目を向け、

「今日の髪型決まってるね。似合っているよ」

「今日の服、初めて着て来たね。新しいね。よく似合ってるよ」

「最近、字がうまくなってきたね。私よりうまいよ」
等々、もう髪型でも服装でも何でもほめた。子供はみんな「愛されたい、認められたい、役に立ちたい」そういう願望《がんぼう》を持っているということをいつも忘れなかった。教師も人間、やはり、ほめられたり認められたり、役に立っていたりするとうれしい。やる気も湧《わ》いてくる。玉井さんの連絡帳は私をやる気にしてくれた。

あまりにもうれしかったので、直明君のお母さんから了解《りょうかい》を得て、連絡帳のことを保護者会で話した。

「今まで連絡帳は、欠席届や遅刻早退届が中心のものだと思っていました。私も、我《わ》が娘の連絡帳はもっぱら保護者会や授業参観《さんかん》に自分が欠席する時に利用していただけです。ところが、直明君のお母さんからもっとよい活用法があることを初めて教えていただきました。子供が学校でうれしいことがあったと話したこと、家で初めて見せた子供の成長ぶり、地域で活躍したこと等々、何でもいいんです。良いことや感動したこと、感謝したこと等を書いていただきました。うれしかったです。私自身のやる気も湧いてきましたし、子供をほめる情報が届いてありがたかったです。もちろん、私が何か勘違《かんちが》いして子供を注意してしまった時や、私の指導に疑問を感じた時は、書きにくくてもはっきり知らせていただきたいです。私は、独断《どくだん》と偏見《へんけん》、かつ自分が良いと信じている教育をどんどん推《お》し進めていくタイプの人間ですので、きっと行きすぎやりすぎもあると思います。そういう時、陰《かげ》で言っても私にはちっとも伝わりません。教育も変わりません。陰で言うのは意地悪《いじわる》、面と向かって言うのは親切《しんせつ》といつも思っています。どうか遠慮《えんりょ》なく、そういう時も書いてください。お願いします。連絡帳一つで、さらに子供たちをほめられますから。おだてられた私も木に登りますから。豚と同じです」

笑い声がドッと起こった。

「良いことも悪いことも、どんどん発信していただけるとうれしいです。連絡帳のより良い活用を提案していただいた玉井さんに感謝します」

自然に拍手《はくしゅ》が沸《わ》いた。玉井さんに対するエールだ。

翌日から、私の机上が連絡帳の山となった。感性《かんせい》豊かな保護者が多く、すぐに実践《じっせん》してくださったのだ。単なる欠席や遅刻や早退の連絡用だった連絡帳から、保護者と子供たちと教師を結びつける絆《きずな》となった連絡帳。

こういうことに使うんだよと教えてくださった玉井さんには、ずっと感謝している。

連絡帳

# バレンタインデーなくなれ

いつものように子供たちの日記に目を通していた私は、何度も何度も大きなため息をつき、目を閉じて、じっと考えていた。

豊君の日記には、こう書かれていたからだ。

「もうすぐ、バレンタインデーです。僕は、この日が一年のうちで最も嫌いです。女子にもてる太一君や正明君はいいなあと思いますが、僕は、今まで女子から一度もチョコレートをもらったことがありません。とてもみじめだし、とても寂《さび》しいです。バレンタインデーを作った人がとても憎らしいです。バレンタインデーなんかなくなれ！」

目が釘付《くぎづ》けになった。何度も何度も読み返していた。

私には男の子がいないので、こういう思いの男の子がいることにあまり気がついていなかった。なるほどね、バレンタインデーに我《わ》が子が一つもチョコレートをもらって帰って来なかったら……寂しいだろうなあ。豊君のような子供の気持ちも、もう少し前から分かってあげられたかもしれない。気がつくのが遅すぎたかも？……と、思いつつ一大決心をした。

バレンタインデーの日、私は一人一人にメッセージをつけて、学級の男の子全員にそっと渡した。子供たちはニッコリ。

「えっ、先生くださるのですか?」

「ヤッター」

「わあ、初めてもらったー」

などなど反応は様々《さまざま》だった。

その日の夜、意外にも保護者から何本も電話がかかってきた。

「先生、ご配慮《はいりょ》ありがとうございます。息子は今まで一度もチョコレートをもらったことがありませんでした。本当に喜んで、走って学校から帰ってきました。本当にありがとうございました」

「もらった、もらったって喜んで、まるで鬼の首でも取ったような喜び方でした。ありがとうございました」

「いつもは私からあげるチョコレートだけでしたので、とっても喜んでいました」

ささやかなチョコレート一つでこんなに喜んでもらえるなら、もっと前からあげていたらよかったと思った。

翌日は、お礼の連絡帳がたくさん届き、反響《はんきょう》の大きさに正直《しょうじき》驚いた。後日、あるお母さんから聞いた話には、さらにびっくりさせられた。

「チョコレートを神棚《かみだな》に上げて拝《おが》んでから、毎日毎日一切れずつ大事そうに食べていましたよ」

ここまで来るとちょっと眉唾物《まゆつばもの》かとも思ってしまうが……。さらに、翌年聞いた話であるが、こんな笑い話もあった。

「来年は絶対もらえっこないので、その時のために残しておくのだ……そう言って、大事に大事に取っておいて、一年後、やはりもらえなくって食べようとしたら、な、なんとカビが生えていた」


次の年のバレンタインデーの日も、担任した子供たちにメッセージとともにチョコレートを渡した。その次の年、バレンタインデーの日が近づいて来たある日、職員室の前で前年度担任した秀雄君に出会った。瘦《や》せてひょろっとした秀雄君は、なかなか優秀なアイディアマンであった。

「先生、先生」

懐《なつ》かしそうにニッコリ笑いながら、呼び止められた。

「なあに？　どうしたの？」

「僕ね、去年先生からいただいたバレンタインデーのチョコレート、まだ持っています」

「どうして？」

「どうせ、今年、誰にももらえないと思うから、その時に食べようと思って……」

「馬鹿《ばか》ねえ。去年言ったじゃあないの。そうやって一年後に食べようと思って取り出したら、カビが生えてた……って話、したよね」

「覚えていますよ。僕はそんな馬鹿じゃありません。そう思って、ちゃんと冷凍室にしまってあります」

まじめな顔でニコリともしないで答えた。秀雄君には悪いけれど、思わず笑い転げてしまった。なるほどね。さすが頭の良い秀雄君。冷凍室に入れたチョコレートって、どんな味なのか……経験がないのでよく分からなかったが、まじめに話してくれた秀雄君が健気《けなげ》で、

「ごめんごめん、笑ってしまって。冷凍庫にしまったチョコレートは、今日食べてしまいなさい。その日に新しいチョコレートを先生、必ずあげるからね」

「えっ、いただけるのですか？　じゃあ、分かりました。僕、今日食べます」

彼は満面《まんめん》の笑《え》みを浮かべた。冷凍チョコの味は変わっていないだろうか……少し心配だった。

次の年、五年生を担任した。バレンタインデーの日、恒例《こうれい》になったメッセージつきのチョコレートをあげた。

その学級を六年生も持ち上がった。バレンタインデーを一ヶ月後に控《ひか》えた頃、靖男《やすお》君がこのような日記を書いてきた。

「あーあ、またバレンタインデーの日が近づいて来た。僕は、とってもゆううつな気分である。去年、先生からいただいた時は、本当にうれしかったし、先生の愛を感じた。でも、やはり、先生とお母さんからしかもらえないというのは寂《さび》しいな」

ごもっとも。同級生の女の子からたくさんもらえる子供もいる中で、同級生から一つももらえないということが限りなく寂しいという気持ちはよく分かる。子供たちにとっては、同級生の女の子からもらえるということは、特別なことなんだなあ……。

次の日の放課後、女子だけを残した。名前を伏《ふ》せて、こういう日記があったという話をした。みんな熱心にうなずきながら聞いている。

「そうだよね。もし私が男の子に生まれてきて、女子から一つももらえなかったら、やっぱりいやだなあ。寂しいなあ。……そうだ。学級の全員の男の子にあげることにしようよ。自分の本命《ほんめい》の子には、後であげてもいいのだから……抽選《ちゅうせん》で決めようよ。誰が誰にあげたのかは内緒《ないしょ》にしようよ」

　女子のリーダー格の祥子《しょうこ》さんが、どんどん考えをまとめた。

「そうだね。謎《なぞ》のXより……と書くとか……」

「いいねいいね」

「ねえ。どうせならあまり本命《ほんめい》のチョコをもらえないような人に二、三個あげるようにしない？」

「うん。それってすんばらしいアイディア！」

「私、今月お小遣いピンチなんだ」

「じゃあ、そういう人は一個あげるだけにして、余裕《よゆう》のある人が三個あげるとかにしようよ」

「どうせならチョコだけでなく、その子が励みになるメッセージも添《そ》えようよ」

「うん。それがいいね。ますますそのあげた子が、いい子になるとうれしいものね」

　何と良い学級だ。文科省推薦《もんかしょうすいせん》の学級だ。私が言いたかったことを、誰かが次から次へと言ってくれる。こうして、あっという間に話がまとまり、女子の学級委員がくじを作り、誰が誰にあげるか……など詳細《しょうさい》に決めていった。実行が楽しみだ。

二月十三日、いよいよ計画実行の日。放課後、一度帰った女子がニコニコしながら、包《ほう》装紙《そうし》にリボンなどがかけられた包みを持って、一人また一人とやって来た。中には手作りをした子供もいて、感動させられた。みんな口々に、

「明日、登校して来たらビックリするかなあ?」

「喜んでくれるかなあ?」

「みんな机の中に入れたら仕組《しく》んだと思われるから、色々な所に入れようよ」

「それも、そうだね」

机の中だけでなく、ロッカーや音楽用の手提《さ》げ袋、中には防災頭巾《ぼうさいずきん》の中に入れている子供もいる。

バレンタインデー当日、どんな様子《ようす》が繰《く》り広げられるか……興味津々《しんしん》で、早朝から教室で仕事をしていた。

「おはようございます」

元気のよいあいさつが、次から次へと聞こえてきた。みんな、なかなか気がつかない。

そのうち、

「……」

気がついた子供が、自分だけ入っていたと思ったのか、周りをキョロキョロと見て慌《あわ》てて机の中に隠《かく》した。その様子《ようす》を見て、私は笑いをこらえていた。どんどんと見つける子供が増えてきた。誰とはなしに、

「やったー。これ、先生がくれたんですか？」

「えっ、何の話？　私は、まだよ。帰る時に渡す予定だよ」

「えっ、やった！　生まれて初めて誰かさんがくれたのだ。感激！」

本当にうれしそうに、飛び上がって喜んでいる輝夫《てるお》君を見て、私もうれしくなった。

「えっ、輝夫君も？　僕ももらったんだよ、ほら？」

「ぼ、僕は、三つももらったよ。こんなこと生まれて初めてだよ。奇跡《きせき》だ――」

三つももらった高貴《たかき》君は、心底《しんそこ》喜んでいる様子だった。

「先生、先生が何か仕組《しく》んだんじゃあないの？」

靖男《やすお》君がそう言った時には、ドキッとした。

「え、何それ、知らないわよ。この忙しい私が、どうしてそんなことをやらなくてはならないのよ」

「え、だって……前に女子だけ残したことがあったじゃあないですか？」

「あ、あれ？　あれはね。保健の先生が、中学校に行く前に女子に話しておきたいことが

あるって言って、保健室で何か話をしてくださったみたいだよ」

「なーんだ。そうだったのか……」

担任をすぐ信用してくれる子供たちの心がうれしい。バレンタインデーだけにバレ(ン)タデーということもなく、よかった。

もともと男女仲の良い学級が、この日を境にますます仲が良くなった。年頃になっても、ずっと仲良くして、とうとう教え子同士《どうし》が結婚したということもあった。

バレンタインデー　バンザイ！

## 先生、困っています

いつものように、和《なご》やかに和気《わき》あいあいと保護者会が進んでいた。なるべく笑いが生じるような会にしようと努力している。最後には、出席者に一言《ひとこと》ずつ話していただくのが恒例《こうれい》で、最近の家庭での子供の様子《ようす》や困っていること、私への注文など、何でも自由に発言してもらう。

際立《きわだ》って上品で抜群《ばつぐん》に美しい河山《こうやま》君のお母さんの順番が来た。何やら申し訳なさそうな表情で、

「先生、困っています。息子に泣かれましてね……」

えっ、どうして？　どうしたの？　河山君が泣くぐらい悲しい出来事《できごと》があったっけ？

いや、そんなことは、思い当たらない。心の中で、自問自答《じもんじとう》を繰《く》り返した。恐縮《きょうしゅく》しきり……という表情でお母さんが後を続けた。

「最近、クラスでスポーツ刈《が》りや坊主《ぼうず》頭が流行《はや》っているのですね。……クラスのほとんどの男子がそうなんですってね。それで、長髪《ちょうはつ》の子はうちの子と、あとは二、三人ぐらいになっているとか……先生が丸坊主やスポーツ刈りが大好きとおっしゃったそうで……息子

も先生のことが大好きで、僕も先生の好きな頭にしたい！　と言うんですよ。あの子が幼稚園の時に一度だけ坊主頭にしたことがあるんです。頭がいびつであまりにも不恰好《ぶかっこう》だったので、ビックリして一度でやめました。親としては不恰好な頭の形を隠《かく》すためにどうしても短くさせたくないのですが……息子が『いやだーいやだー僕も坊主頭にするー』って、毎日、毎日、泣き叫ぶんです。困ってしまって……先生、助けてください。何とかしてください」

大きな衝撃《しょうげき》を受けた。何ということだ。河山君がそんな思いで、毎日毎日母親と言い争いをしていたなんて。

「それはそれは申し訳ありません。よくおっしゃってくださいました。言われてみれば、クラスで長髪《ちょうはつ》の子供は数名ですね。言い訳させてください。実は、こういう出来事《できごと》が最近あったんですよ……」

ある日、小川君が初めて坊主頭にして来た時のことです。クラスのみんながドッと笑ったんです。

「やあー変」

「何なのだ」

「似合わない！」

小川君が半べそをかいたのを見て、

「みんな笑わないの。よく似合ってるわよ！　かわいい！　先生は坊主頭やスポーツ刈りが大好き。少年らしくっていいじゃあないの！　先生は野球大好きだけど、高校野球をやっている少年を見なさい。ほとんど坊主頭だよ。すがすがしくてカッコイイ。みんなハンサムで素敵《すてき》に見えるよ。ホント、小川君素敵。今まで以上にハンサム」

と言って抱きしめた。小川君は少々はにかんでいたが、うれしそうに笑っていた。そして次の日、示し合わせたように二人が坊主頭にして来た。

「ウアー、岡田君、東君、カッコイイ！　かわいい！　似合うね」

昨日抱きしめたのに、今日抱きしめないと差別になると思いつつ、二人をギュッと抱きしめた。男性教諭が女子を抱きしめたらセクハラと言われるが、女性教師でよかった。次の日も、またまた二、三人の子供が坊主頭やスポーツ刈りにして来た。またまた同じようなことを言いつつ抱きしめた。その頃になると、私がほめなくっても女子が、

「うん似合う。実にいい。カッコイイ！」

と、同調《どうちょう》して声をかけてくれるようになった。

「元はと言えば、小川君がみんなからからかわれていたので、何とかしなくては……という思いで、オーバーにほめたことから始まりました。坊主頭やスポーツ刈《が》りが好きというのは事実ですが、これほどまでに、次から次へと増えるなんて思ってもいませんでした。自分の一言《ひとこと》が、このような大きな反響《はんきょう》となって表われるとは……想定外《そうていがい》でした。河山君が、髪を切りたい切りたいといってお母さんを困らせていたなんて……本当にごめんなさいね。河山君の気持ちが分からなかったです。申し訳ありませんでした」

「みんな先生が大好きだから、クラスの男子全員が、坊主頭やスポーツ刈りになっちゃいますよ」

柴田君のお母さんが、少々おどけながら言った。みんな一斉《いっせい》に笑って和《なご》やかな空気が戻った。

「本当に申し訳ありません。長い髪のお子さんに対する配慮《はいりょ》が欠けていました。色々な事情で髪を切れないお子さんもいるということを考えもしませんでした。ごめんなさい。明日、河山君を呼んで色々お話します。またみんなにもよーく話をします。自分に似合う髪型でいいのだよと。無理に坊主頭やスポーツ刈りにしなくてもいいんだよと……」

そして、河山君のお母さんに言った。

「河山君の気持ちは、とてもうれしかったです。河山君や他の子供たちの気持ちに応《こた》えられるように、明日からさらにがんばります」

保護者会は終わった。教師の一言《ひとこと》の重みを知った一日であった。

一言で顔が笑う。一言で涙がこぼれる。そして……たった一言で結ばれる心と心。大切にしよう一言を。

# 六年三組早く出なさい

初めて卒業生を出したのは、東京の小学校に異動《いどう》してからだった。

異動してからすぐに四年生を担任して、そのまま五年六年と持ち上がった。当時から私は自分の個性が強いことを自覚《じかく》していたので、私と合う子供にとっては利《り》があっても、合わない子供にとっては悲劇《ひげき》というか害《がい》あるのみだと思っていたから……。三年間同じ学級を受け持ったのは、後にも先にも、最初で最後である。

その頃の私は、若鮎《わかあゆ》のようにピチピチ（?）していて、体力・活力・気力にあふれていた。知力だけは不足、いや、大いに足りなかったが、それをカバーしても余りあるくらいの愛と情熱とロマンがあったと思う。

中休み、昼休み、放課後といつも子供たちといっしょに遊んだ。二十五歳であったが、当時は学校で一番若かったので、重要な校務分掌《こうむぶんしょう》を割り当てられることもなく、比較的時間に余裕《よゆう》があった。

「遊んでやっている型」の教師でなく、「遊んじゃう型」の教師でありたいといつも思っていた。だから、手加減《てかげん》しないで本気で遊んだ。ドッジボールも野球もバスケットボールもサッカーも、すべて負けたくなかったのでいつも必死だった。いや、負けるわけにはいかなかった。若くてさほどの魅力もない私が子供たちから信頼《しんらい》と尊敬《そんけい》を得るには、強くて何でもできるというのが一番大切だと信じて疑わなかった。とにかく、寸暇《すんか》を惜《お》しんでいっしょに遊んだ。そして、いつも子供たちと対等《たいとう》に戦い、いや時には子供たちより強かった。自分でも知らず知らずのうちに遊びに夢中《むちゅう》になって、子供たち以上に楽しんでいた。

たとえば、どこかで崩壊《ほうかい》しそうな学級があったとしよう。その時は、寸暇を惜しんで子供たちと遊ぶとよいと思う。もちろん「遊んじゃう型」の教師だ。子供たちは敏感《びんかん》なので、「遊んでやっている型」の教師には心を開かない。学級を立て直したければ、自分を忘れるくらい子供との遊びに没頭《ぼっとう》するとよい。自然に学級が良くなっていると思う。しかし、これは崩壊する前の話であり、崩壊した後ではもはや効果がない。

それはさておき、私は子供たち一人一人がかわいくて仕方《しかた》がなかった。授業をする時も、一人一人の日記を読んでいる時も、遊んでいる時も本当に楽しくて充実していた。

放課後は、〝これから伸びる子〟（現時点で学力が低い子をこう呼んでいた）を残して教えることも忘れなかった。未知数な子供は無限の可能性を秘めている。実際、個別指導を繰《く》り返すことによって、ぐんぐん伸びていく子供も多かった。

毎日毎日、学校に行くことが楽しみで、子供たちに勉強を教えたり、いっしょに遊んだり、楽しくおしゃべりをしたりすることが生き甲斐《がい》であり、教師が天職《てんしょく》だと思っていた。

同じクラスの子供たちを三年間担任すると、三年目は何となく自分の物の見方や考え方に似てくる子供たちが多くなっていくようで、空恐《そらおそ》ろしくもあり、右を見ても左を見ても自分がいるようだった。

多くを言わなくても、私の気持ちを汲《く》んで行動できる子供も増えてきた。口調《くちょう》まで似てくるもので、わざと私の関西《かんさい》なまりを子供たちがおもしろおかしく真似《まね》たりもした。

「よく聞かんとあかんよ」

「すごいやん」

「何言うてんねん」

ちょっとズレている関西弁がおかしかった。

若くて未熟で個性も強かったので、保護者と衝突《しょうとつ》することもあったが、つねに子供たちを味方《みかた》につけているという思いもあり、いつも強気で何事も自分の思い通りに進めていた。

昔を振り返ると赤面《せきめん》することも多々ある。若かったなあ……。

日々、真剣《しんけん》に夢中《むちゅう》になり子供たちと接してきたがゆえ、卒業式が近づくにつれて、別れたくないという思いが強くなる。元気印の私が段々と病気印に変わっていき、自分がいやになるほど日々落ち込んでいった。

卒業式の前日になってしまった。

掲示物《けいじぶつ》をすべて取り外《はず》し、何もないがらんとした教室に一人で立っていると、まるで深い落とし穴に落ちたような気がした。

イスに腰掛《こしか》けると、何となく子供の温かさが残っている。目を閉じると子供たちの笑い声が聞こえる。三年間の様々《さまざま》な楽しいシーンが次から次へと思い浮かび、いつしか涙があふれてきた。初めて子供たちを卒業させるということは、これほど辛《つら》いことなのか……。

どれくらい時がたったろうか？　ふと気づくと、校内にはもう先生方が一人もいない。

黒板《こくばん》に、子供たちへの想いを書き始めた。


卒業おめでとう。

楽しく、素晴らしい三年間をありがとう。

君たちの担任で本当に良かった。

君たち一人一人が大好きです。

明日からはもう教え子でなく、元教え子になってしまうことが寂《さび》しくて寂しくて耐《た》えられません。

三年間の様々《さまざま》な思い出がよみがえり、
本当に君たちを卒業させたくない。
卒業しても、
悲しいことがあったら
いつでも泣きにいらっしゃい。
うれしいことがあったら
報告してね。いっしょに喜びます。
私はいつも君たちを待っています。
君たちは永遠に私の教え子です。
さようならは言いません。
再び会う日を期待して……。

とめどなく流れ落ちる涙で、チョークも湿《しめ》っていた。早く家に帰って明日の用意をしようと思っても、子供たちと過ごした三年間の楽しい思い出ばかりが、次から次へと浮かんできて、いつまでもいつまでも教室を離れがたかった。

時を止めることができるはずもなく、ついにその日がやってきた。

卒業式の最中《さいちゅう》も、涙がこぼれてハンカチがいくつあっても足りなかった。代表の子供たちといっしょに作詞し、音楽の先生が作曲してくださった歌を、子供たちが歌った時には、本当に悲しかった。

○○の町　僕たちの町
公害だらけの町だけど
今日まで僕たち生きて来た
力強く生きて来た
立ち並ぶ煙突《えんとつ》も
悲しみの日は慰《なぐさ》め役《やく》で
暗い空さえ優しく見えた
学校からの帰り道
夕陽《ゆうひ》がそっと送ってくれた

代表の子供たちとともに作詞するのが私の役割だったが、なかなかまとめられず、完成したのは式の直前で、一生忘れられない歌になった。

その歌を歌う子供たちも泣いていた。

卒業式が終わると、教室に戻って記念写真を撮《と》り、最後のお話をした。

泣きすぎて声が出にくく、言いたいこともたくさんあって、悪戦苦闘《あくせんくとう》していると、校内放送が聞こえてきた。

「四、五年生の児童と、来賓《らいひん》の皆さん、保護者の皆さんは、卒業生を見送る準備をしますので、すぐに校庭にお集まりください」

いよいよお別れか……、そう思いながら話を続けた。間もなくして、

「卒業生は、一組から順番に並んで、用意をしてください」

という放送が入った。

「さあ、みなさん校庭に出て並びましょう」

そう言った時だ。

「先生と別れたくない」

突然胸にすがりつかれた。これから伸びる子、犬塚君だ。それを合図に、

「私も」

「僕も」

と言いながら、次から次へと私のところに集まってきて離れない。

子供たちが泣きじゃくっていると、

「六年三組、早く出て来てください」

と放送が入った。別れるのがいやで子供たちがまとわりついて離れない。

「六年三組早く出なさい」

「六年三組早く出なさい」

何度かアナウンスが続き、段々と言葉がきつくなっていった。

ブラスバンドの「蛍《ほたる》の光」の演奏が聞こえてきた。

「みんなの気持ちは分かった。先生だって同じ気持ちだけれど、出ないと迷惑《めいわく》をかけるから……」

何度も何度もそう言って校庭に出ようと動いたが、すがりついている子供たちはその場で泣き続けている。

いつしか、ブラスバンドの演奏が聞こえなくなった。

「ほら、もう演奏が終わってしまったよ。花道を歩けなかったね」

「花道なんか歩けなくってもいいや……」

みんな、ウンウンとうなずいている。

「お父さん、お母さんがみんなを待っているから……。私もいっしょに校庭に出るから……。明日からも、春休み中は学校に遊びに来ていいから……」

そう言いながら子供たちを促《うなが》し歩き始めたのだが、卒業の日の花道を歩くというイベントをぶち壊《こわ》してしまった。でもどういう訳か、管理職からも学年の先生からもおしかりを受けなかった。

同じ学校で二度目の卒業生を出した時も、同じことをしてしまった。その時も

「仕方《しかた》ないわね。若くて人気者の先生と別れたくなかったのね」

学年の先生方に、ほんの少し注意されただけだった。

三度目の卒業生を出す時は、自分もその学校を卒業する（転勤《てんきん》する）ことが決まっていたので、何としても花道を歩いてみたかった。決死の覚悟《かくご》で三度目の正直《しょうじき》、やっと子供たちと花道を歩くことができた。

一度目も二度目も三度目も、それぞれの卒業式を昨日のことのように覚えている。永久に忘れられない卒業式である。

# あの時のお礼に

「これ、お母さんからのお手紙です」

朝、教室に行った時、金屋翼《かなやつばさ》君が一通の封筒《ふうとう》を差し出した。翼君は根っからのひょうきん族で、いつも学級のみんなを笑わせたり、盛り上げたりする人気者だった。何かな?いつもの連絡帳での連絡ではないみたい……。職員室に戻《もど》ってから、おもむろに開封した。

「先生、いつもお世話になっております。誠《まこと》に申し訳ありませんが、遠足の代金をしばらく待っていただきたいのです。このことは息子には内緒《ないしょ》にしてください。よろしくお願いします」

色白《いろじろ》で上品《じょうひん》な顔立《かおだ》ちにメガネをかけて、すらーっと背の高いお母さんの顔が浮かんできた。それにしても二十七歳の教師にお金を待ってほしいと言うことは、本当に言いづらかったに違いない。よくぞ正直《しょうじき》にお手紙を書いてくださったなあ……と、庶民的《しょみんてき》な教師である自分を喜んだ。

そう言えば……思い出した。家庭訪問の時に、閉められたふすまの向こうから重そうな咳《せき》が幾度《いくど》か聞こえてきた。父親らしかった。学級の子供たちが話をしているのが耳に入ってきたこともあった。

「翼君のお父さんは病気で働けないから、お母さんが働いて三人の子供たちを育てているのだよ。でも、翼君ていつも明るくて元気があっていいね」

とか……。父親の病気は結構《けっこう》重くて、ずっと働けないらしい。生活保護も受けていた。育ち盛りの三人の男の子を抱《かか》えての生活は、何かと出費も多くて大変だろうと察《さっ》しがついた。しかし彼の明るさからして、生活に困っている様子《ようす》は微塵《みじん》もうかがえなかったし、お母さんの息子《むすこ》への接し方も大変良かった。

早速《さっそく》、返事を書いた。

「困っている時はお互い様です。いつでもお声をかけていただければ、お立て替《か》え致《いた》します。翼君が参加できないようなことは絶対にないようにお願いします。困った時は、遠慮《えんりょ》なくお声をかけてくださいね」

翼君の目に触れないように、封筒《ふうとう》に入れて糊付《のりづ》けした。

それから後も、『日光移動教室の費用』や『給食費』を立て替えることもしばしばだった。私の家も決して裕福《ゆうふく》という訳でもなかったが、共働きだったので立て替えることができた。

第一、翼君には私の方も随分《ずいぶん》と助けられていた。いつも学級のみんなをまとめてくれていたのは彼だった。授業中もみんなを笑わせてなごやかなムードにしてくれた。このような若いお姉さん先生にも、学級のみんながバッチリついて来てくれたのは、彼の功績《こうせき》が大きかった。私は密《ひそ》かに彼に感謝する毎日だった。

夢中《むちゅう》になっていると、月日のたつのは本当に早い。

あっという間に卒業式の日を迎えてしまった。心の片隅《かたすみ》で立て替えたお金のことは覚えていたが、卒業式当日も返済《へんさい》はなく、まあいいか……彼の功績料《こうせきりょう》だと思えばいいのだと自分を納得《なっとく》させた。お小遣《こづか》いを節約しただけだったので家計には響《ひび》くこともなかった。

子供たちを卒業させてすぐに、私は産休《さんきゅう》に入った。二人目を五月に出産し、産休が明けると夏休みに入っていた。その頃は自宅研修も認められていたありがたい時代だった。子育てに追われた夏休みも夢のように過ぎ去った。

二学期になって学校に復帰し、二人の子供たちの子育てに夢中になって日々を過ごすうち、すっかり立て替えたお金のことは忘れてしまっていた。

そんな秋の夜だった。ドアをトントンと叩《たた》く音が聞こえる。誰だろう？　こんな夜更《よふ》けに……。ドアを開けると、な、なんとそこには翼君の母親が立っていた。

「先生、長い間、大金を立て替えていただきまして、本当にありがとうございました。今まで何の連絡もしないで、申し訳ありませんでした。大変遅くなりましたが、やっとまとまったお金が入りましたので今日お返しに上がりました。助かりました」

母親は、何代がいくら何代がいくらと、きちんと紙に明細《めいさい》を書いていた。几帳面《きちょうめん》な性格のようで、アバウトな人間である私は、いくらお貸ししたのかも覚えていなかったが、合計金額は意外なほど多かった。

「失礼なことを申し上げますが……大丈夫《だいじょうぶ》ですか？……一度に返していただかなくってもいいのですが……」

「はい、大丈夫です。本当に長い間お借りしてしまって、大変心苦しかったです。ありがとうございました。これはほんのお礼に……。お嬢《じょう》ちゃんに何か買ってあげたいと前々から町でお会いするたびに、ずーっと思っていたのですが……なかなか余裕《よゆう》がなくって……」

「お気持ちだけで、十分《じゅうぶん》ありがたいです」

心からそう思った。

「これは私が勤めているスーパーマーケットで安く買った物です。ぜひ、お嬢ちゃんに履《は》いてもらってください」

「えっ、わざわざ買ってくださったのですか？　申し訳ないです」

「たいしたものじゃあなくってすみません」

「いやー本当にいただくつもりはないのですが……」

「いやいや、お二人目のお嬢ちゃんの出産のお祝いだと思ってください。返品不可《ふか》ですよ」

そう言って笑いながら、私の手に紙包みが入った袋を握《にぎ》らせた。紙包みは何となく重かった。母親の愛までいっしょに入っているように感じた。

私は、とっさに家にあった日用品を袋に詰めて、

「たくさん買い置きをしてしまって……置き場所がなくって困っているので、ちょっと持って行っていただくと助かるのですが……」

と、言ってお渡しした。

何度も何度もお礼を言いながら、帰りかけてもまた途中で振り返っては、頭を下げて帰って行かれた。母親の後ろ姿を見送りながら、熱いものが込み上げてきた。生活に困っていらっしゃるだろうに……律儀《りちぎ》にお金を返済して、しかも、娘たちへのプレゼントまで持って来てくださるなんて……。

帰られてから中を開けると、大小のきれいな花がいっぱいついているとてもかわいいおそろいの靴《くつ》だった。私では買ってあげられないような高価な物だった。二番目の子供が歩けるようになったら履《は》かせたいと思いながら、素敵《すてき》な宝物を大事にしまった。

# 第二章

# 忘れられない記憶があります

# 伝説の教え子

放課後、教室で子供たちの日記を夢中《むちゅう》になって読んでいた。そこに、隣《となり》の四組の子供が入って来た。

「松村先生、今日、僕たちの先生がお休みだったでしょう? ちょっとした事件があったんだよ。先生にそれを伝えたかったので、みんなが帰るまで残っていたんだ」

「あーら、谷脇君。よく来てくれたわねえ。ちょうど疲れたから休憩《きゅうけい》をしようと思っていたところだったのよ。お話聞かせてくれる?」

パタッと日記を閉じて、イスに座るように勧《すす》めた。谷脇君は、放課後よく私の教室に遊びに来る子で、私が首を回していると、

「先生、肩が凝《こ》っているんだね。僕、指圧が上手なんだよ。やってあげるよ」

と言っては、肩をほぐしてくれる優しい子供だった。

「事件って、いつ起こったの?」

「うん、五、六時間目の図工《ずこう》の時間だよ」

大きな目玉をクリクリさせて、話し始めた。

図工《ずこう》の時間が始まる時に、専科《せんか》の大内先生が図工室に入って、自分の教卓《きょうたく》の所に来られた時だ。

「誰だ。先生の大切な机の上に、色々なゴミを置いたやつは！　出てこい！」

すごい剣幕《けんまく》でいきなり怒鳴《どな》った。図工室が静まり返り、みんなの目が点になった。

「誰だ、やった者は前に出て来い！」

もう一度、怒鳴った。みんなはうつむいて小さくなった。しばらく沈黙《ちんもく》が続いた。その時だ。ひたひたと教室を歩く音が聞こえたという。町村君だ。手には下敷《したじ》きとティッシュペーパーを持っていた。教卓の上のゴミをティッシュでパパッと集めて下敷きの上に載《の》せた。

「君か、やったのは！」

「いえ、僕じゃありません。しかし、僕たちの学級の誰かがやったということは、僕にもその責任の一端《いったん》があると思います。大変失礼しました。これで何とかお許しください。授業を始めてください。お願いします」

「…………」

大内先生はビックリしたような顔で町村君を見て、そして黙ってうなずいた。

「それで、すぐに授業が始まったの？」

「うん、何にもなかったみたいに、いつものように授業が始まったんだよ。町村君て、すごいなあと思ったよ」

「そうだね。すごいね。明日の朝、私の学級でもこの話をするわ。町村君て、頭が良いということは前から知っていたけれど、心も一流なのね。谷脇君ありがとう。良いお話を聞かせてくれて……。感謝します」

「うん、僕もいい話だと思ったので、先生に話したかったんだ……、それじゃあ、さようなら……」

　時にはこういう素敵《すてき》な子供に出会うこともある。

　翌日、早速《さっそく》、この感動話を我《わ》が六年三組の子供たちに話した。

「さすが、町村君！」

「天才、プラス人格者」

「僕たちも見習わなくっちゃ」

　その後、こんなことがあった。書き初《ぞ》めを教室で書いた時だ。

　終わってみると、教室の床のあちこちにべっとりと墨《すみ》が点在《てんざい》していた。

りながら。

「誰？　きちんと拭《ふ》きなさい」

みんなが一斉《いっせい》に雑巾《ぞうきん》を持って来て、拭き始めたではないか。頭と頭がぶつかりそうにな

「誰がやったかではなく、自分たちの教室だからみんなできれいに拭かなくては……」

そう言って、笑いながら拭いている。町村君のあの話が子供たち一人一人の心の中に残っていたのだ。このように道徳的な心情は、道徳の教科書でなく、日々の子供たちの実《じっ》践《せん》や実話で培《つちか》われることの方が圧倒的に多い。

ちなみに、この町村君は、もう一つ大きな感動をプレゼントしてくれた。

卒業式の日のことだ。この日は、手さげ袋かうわばき入れだけを持ってくればいいのだが、それすら持って来ない子供がほとんどだ。そんな日に彼の姿を見て、同級生も下級生も先生方も一様《いちよう》にビックリした。

な、なんと彼はランドセルを背負《せお》って登校して来たのだ。彼の背丈《せたけ》は百六十センチの私より十センチ以上は高い。横幅《よこはば》もそれなりにがっちりしていて、まさに大きな体に、ランドセルがちょこっとのっかっている感じだった。いかにも窮屈《きゅうくつ》だよと言っているかのようだった。

その様子《ようす》を見て不思議がったり、ほほえましく見ていたりする者はいたが、誰一人として嘲笑《ちょうしょう》しなかった。

私も笑わないで、まじめに彼に聞いてみた。

「ねえ、町村君、どうして卒業式の日までランドセルを背負《せお》ってきたの？」

「はい、六年間お世話になったランドセルも今日で卒業します。中学校に行くと、もう二度と背負うこともないと思います。今日、僕といっしょにこのランドセルも卒業させてあげたいと思いまして……、長い間ありがとうという思いで背負ってきました」

「フーン、さすがねえ。あなたのランドセルはこんなにも大切にされてしあわせね。卒業式の日までランドセルを背負って来るなんて……、伝説になるでしょう。私もあなたの後輩たちに語り継《つ》ぐわ」

この会話を聞いていた私の学級の子供たちは、

「さーすが！　天才の考えることは違うな！　あーあ、僕もランドセルを背負って来たらよかったなあ。伝説の教え子になりたかったなあ……」

と口々に叫んでいた。とっても感動的な卒業式の日になった。

この伝説の町村君はのちに、大学の先生になった。

卒業証書

## 盲腸《もうちょう》の傷あとを見るたびに

「松村先生、校医《こうい》の野原先生の所に今すぐ行ってください。今、野原先生からお電話をいただきました。先生は虫垂炎《ちゅうすいえん》（盲腸のこと）だというじゃあありませんか。すぐ手術をしないと危ない、死にますよ。校長からも説得してください、とまで言われましたよ。とにかく、もう一回診察しますからすぐ来てくださいとのことです。校長命令です。今からすぐ行きなさい。早く行きなさい」

いつもは穏《おだ》やかな紳士《しんし》である校長が、眉間《みけん》にしわを寄せて大きな声で叫んでいる。その剣幕《けんまく》に驚いた。

実は一昨日《おととい》から吐《は》き気《け》がひどく、物を食べても気持ちが悪い。味がことごとく変で、図工《ずこう》の先生の授業がある空《あ》き時間に、年休を取って学校医の所で受診した。血液検査をして、

「あきらかに盲腸ですね」

と言われたのだ。しかし、もうすぐ夏休み。夏休みに入ってすぐ日光林間《にっこうりんかん》学校がある。私は五年生の担任で、私も子供たちもいっしょに行く林間学校をとても楽しみにしているのに……冗談《じょうだん》じゃない。

「日光林間学校《にっこうりんかんがっこう》から帰ってから手術してください。それまで、薬でも注射《ちゅうしゃ》でも何でも結構《けっこう》ですから、散らしてください」

そう言って、早々《そうそう》に学校に逃げ帰ってきたのだ。校医《こうい》の野原先生が仕方《しかた》なく校長に電話してきたようだ。校長命令とまで言われてしまって……暗い気持ちで医院に向かった。医院に着くと、すぐさま再度の採血《さいけつ》をされた。白血球《はっけっきゅう》の数をカウントしていた野原先生が指を動かしながら、

「松村先生、すぐ入院して手術をしないと、本当に命が危ないですよ」

「あのう、着替えもパジャマも洗面用具も何も持って来ていませんので、とりあえず家に帰って用意をしてまた来ますから……」

「ダメです。今帰すとまた松村先生は戻って来ない可能性があるから……着替えなどはこれから家族に電話して、持って来てもらってください」

「あの～　林間学校が夏休みに入ってすぐにあるのです。子供たちが私といっしょに行くのを楽しみにしているのです。私もいっしょに行きたいのです。間に合わせてくださるのでしたら手術します。間に合う、大丈夫《だいじょうぶ》だと約束してください」

「……うーん、手術して約十日間か……まあいいでしょう。私も校医としていっしょについて行きますので、大丈夫ですよ」

「それでは、校長が引率《いんそつ》はダメと言った時には、野原先生が大丈夫《だいじょうぶ》とおっしゃったと言っていいですね……」

野原先生は、無言《むごん》でうなずいた。

「それなら……」

と、覚悟《かくご》を決めた。

担任している子供たちは、私が東京に来て二度目に受け持った五年生。だから二度目の日光林間学校《にっこうりんかんがっこう》である。一番若い私が実地踏査《とうさ》にも行かせていただいている。それに一度目の林間学校は、自分自身も分からないことが山ほどあり、とても子供たちに思い出を重いでーというくらいには作ってあげることができなかった。だから、今度こそ……と意気込《いきご》んでいたところだった。

その上、一組から五組が、体育館で行う夜のお楽しみ集会時の「出し物競争」も、楽しみにしていたのだ。校長以下引率の教員等、全員が審査員。担任に似てそういう出し物を行うのが大好きな子供たちは、私に内緒《ないしょ》で放課後三つの班《はん》に分かれて練習していたのである。たとえ私が入院しても、着々《ちゃくちゃく》と準備ができる子供たちなので、心配はいらないが……何の支援《しえん》も助言もしてあげられないことが、心苦しくもあり不憫《ふびん》でもあった。まあ、逞《たくま》しくて頼《たの》もしい子供たちに任《まか》せよう……。

そう思い直しているうちに注射《ちゅうしゃ》をされて、手術台の上に乗せられた。間もなく意識がなくなってきた。しかし、不思議なことに「ガチャガチャ」という手術の器具の音や、「ムギュー」と、内臓を鷲掴《わしづか》みされて引っ張られるような感覚は頭の遠くで感じていた。

次にはっきりと意識を取り戻した時は、病室のベッドに横たわっていた。我《わ》が子は大丈《だいじょう》夫《ぶ》だろうか……我が学級の子供たちの授業は進めてくれているだろうか……心配事が次々と頭をよぎり、十分《じゅうぶん》眠れなかった。

次の日の夕方、うとうとしかかっていた私は、突然の騒音に何事かとビックリした。な、なんと教え子たちが集団でお見舞いに来てくれたのだ。おまけに、ケーキや和菓子などを手にしている。中には、

「先生、いっしょに食べよう」

と言う子供もいる。私は唖然《あぜん》とした。気持ちはうれしいが、昨日手術をして、今日そのような物を食べられるはずもない。さては、自分が好きな物を買ってきて食べようと言っているのだな。

「みんなで食べなさい」

「やったー」

早速《さっそく》開いて仲良く食べ始めた。みんなが学校であったおもしろい出来事《できごと》を次から次へと

楽しそうに話してくれるので、つい笑ってしまって傷口に響《ひび》いた。

次の日もその次の日も、同僚《どうりょう》や保護者や子供たちが入れ替わり立ち替わりお見舞いに来てくれた。病室は花やお菓子でいっぱいになってしまった。いつも集団で来てくれることが多かったため、狭《せま》い病室から子供たちがあふれて廊下《ろうか》の通り道をふさぐことになり、他の患者《かんじゃ》さんたちの迷惑《めいわく》にならないかと、気が気ではなかった。話し声も気になったので、できるだけボリュームを下げて話すようにさせた。

それでも私が心配した通り、

「先生、申し訳ないですが……人気者でお見舞いの人たちの数が多いから……皆さんの迷惑にならないうちに早めに退院して、後は自宅で療養《りょうよう》してください」

と言われてしまい、五日目にタクシーで自宅に帰った。


そして、何日かの自宅療養の後、学校に行った。久しぶりの学校はとても新鮮《しんせん》だ。

「さあ、今日からまたがんばろう」

そう思っていた矢先、校長に呼ばれた。案《あん》の定《じょう》、校長は言った。

「松村先生、先生は手術後間もないので、林間《りんかん》学校の引率《いんそつ》は他の方《かた》に行ってもらいます」

「えっ、校医《こうい》の野原先生がギリギリ大丈夫《だいじょうぶ》。それに、私もいっしょに行くので心配ないとおっしゃいました。何でしたら、野原先生にお電話して聞いてみてください」

間髪《かんぱつ》を入れずにそう言った。

「いやーそうですか……野原先生がそうおっしゃるのならいいですが……くれぐれも無理をしないでくださいね」

ヤッターと叫びたい気持ちを抑えつつ、校長室を出た。

学級の子供たちは、林間《りんかん》学校には私といっしょには行けないと、半ばあきらめていたようだ。教室に一歩足を踏《ふ》み入れた途端《とたん》、

「あっ、先生。大丈夫《だいじょうぶ》ですか」

「もう、学校に来てくれたのですか」

「無理しないでくださいね」

「先生、林間学校には行けないのですか？」

そう言いながら子供たちが優しく迎えてくれた。

「大丈夫ですよ。今、校長から止められたけれど、校医《こうい》の野原先生が大丈夫と言ってくださったということで、オッケーが出ました。みんなといっしょに行けるよ」

「ワーイ、ヤッター　ヤッター」

「良かった。良かった」

跳び上がって喜んでいる子供たち。私もうれしい。

「ちょっと校医《こうい》の先生に無理を言ったかもしれないけど……それより、大丈夫《だいじょうぶ》？　夜のお楽しみ集会の出し物は？　……見ていなかったから心配なのよ」

「大丈夫です。任《まか》せてください」

「三つの班《はん》でお互いに見せ合って、良い所や改善《かいぜん》した方がよい所などを言い合って、より良いものにしましたから……」

明日は、もう荷物検査。明後日《あさって》が出発。今更《いまさら》、見ても変えようがない。仕方《しかた》がない……子供たちを信じよう。


林間《りんかん》学校出発の日が来た。退院を祝ってくれているような快晴《かいせい》の青空であった。出発式をし、いよいよ出発。おや、何だろう？　何やら背中のリュックに違和感《いわかん》を感じた。

「アラ、どうしたの丸岡君？　私のリュックが垂れ下がったり、曲がったりしているの？」

「いや、そうじゃないんです。先生が手術して間もないのに、林間学校にいっしょに行ってくださるのがうれしくて……先生が重い荷物を持たないように、みんなで先生の荷物を持つ順番を決めたんです。トップバッターが僕です」

「アラ、大丈夫よ。先生の荷物は、写真屋さんが車に積んで日光《にっこう》駅まで運んでくださるから……」

「分かりました。日光駅までですね」

貸し切りの電車の中では、通路にレジャーシートを敷き、大富豪《だいふごう》や七並べ等のゲームをした。何をやる時も決して手を抜かないのが教育者としてのポリシーなので、本気になってどのゲームも子供たちが気の毒になるほど勝ちまくっていた。一つのグループと遊んだら、次のグループへと順番に回ってゲームに興《きょう》じていたら、あっという間に日光駅に到着した。

ここから、各自リュックを背負《せお》って宿舎《しゅくしゃ》まで歩く。私も自分のリュックを見つけ、背中に回そうとした時、

「アッ、ダメです先生。重い物を持っちゃ。みんなで順番に背負っていきますから」

「大丈夫《だいじょうぶ》よ。私だってこれくらい持てるよ。それにみんなの荷物だって重くて重くて大変なのに、二つも背負ったら暑さでバテるよ」

「大丈夫、大丈夫。僕は日頃から少年野球で鍛《きた》えているから……」

そう言って川島君は、さっさと私の荷物を奪《うば》うように持って行ってしまった。優しい子供たちに囲まれてしあわせだなあ……と思いつつ、二列に並んで歩いた。

途中、心臓破りの坂があった。急勾配《きゅうこうばい》の坂は、手術直後の自分にはやはりきつい。子供

に荷物を持ってもらっていることのありがたみを感じていた。

「あっ、先生危ない！」

後ろから洋服を鷲掴《わしづか》みにされた。な、何と右端《みぎはし》を歩いているつもりが、いつしか道路の真ん中近くを歩いていた。

「先生、危ないよ。ひかれて死んじゃうよ」

幾度《いくど》か、そういうことがあった。どうやら、まだ麻酔《ますい》が十分《じゅうぶん》抜けきっていないような気がした。自分でもやや無謀《むぼう》だったかな？　と少しばかり反省した。しかし、子供たちの優しさが今更《いまさら》ながらよく分かり感激した。こうやって、宿舎《しゅくしゃ》まで何人かの子供に背負《せお》われた私のリュックも私も、無事《ぶじ》に宿舎に着いた。


二日目のハイキングも、私は自分の荷物を全く持たせてもらえなかった。

「先生、大丈夫《だいじょうぶ》？」

「先生、大丈夫？」

何回も、何十回も声をかけてくれた子供たち。盲腸《もうちょう》の傷の痛みもすっかり治《なお》った気がした。

二日目の夜が来た。子供たちが最も楽しみにしていた〝お楽しみ集会〟の時間だ。急に、自分の学級の子供たちの出し物が心配になってきた。

「次は、五年三組A班《はん》の出し物です。題名はひみつだそうです。それではどうぞ！」

ギョッ！　卒倒《そっとう》しそうになった。男子二人が頭にヘアーピース（ウィッグ＝付け毛のこと）をつけ、きれいにメークをして、キンキラキンの衣装《いしょう》を身に着けミニスカートまではいて舞台《ぶたい》に登場した。会場は騒然《そうぜん》となった。笑いあり、拍手《はくしゅ》あり、

「いいぞ！」

と言う声まで飛んだ。

「タンタンタン」

曲が始まった。はやっていたピンクレディーの『ＵＦＯ』だ。二人は、振りをしながら見事《みごと》な高音で歌い始めた。普段からなかなかの美男子の二人は、女装《じょそう》が似合って大変美しく、本当にミーとケイのようであった。会場は、もはや笑い一色で、校長以下引率《いんそつ》の教員も全員腹を抱《かか》えて笑っていた。

でも、私は笑えなかった。盲腸《もうちょう》の傷が痛むから……いや違う。普段とてもまじめな男の子二人が、こんな姿で現れたのが信じられなかったからだ。一人の子供の母親は小学校の教員である。こんな姿を見たら腰を抜かすかも……とも思った。しかし、衣装も振りも完璧《かんぺき》でここまで来たら、もうおふざけの域《いき》を通り越《こ》していた。やはり笑うしかない。

審査員の先生が全員十点をつけた。良かった、理解のある人たちばかりで……と胸を撫《な》で下《お》ろした。

「何ですかコレハ！」

と、憤《いきどお》る先生が誰一人としていなかったことは、本当にうれしかった。それにしても、あのまじめな二人の子供たちが、よくあそこまで自分を捨てられたなあと感心した。

あの二人のピンクレディーは、それから数年語り継《つ》がれた。

結局《けっきょく》、その時の林間《りんかん》学校では、山登りの時も、ハイキングの時も、宿舎《しゅくしゃ》までの往復の時も、子供たちは一度も私に荷物を持たせてくれなかった。

今も盲腸《もうちょう》の傷あとを見るたびに、優しい子供たちの見事《みごと》な連係《れんけい》プレー、完璧《かんぺき》だった二人のピンクレディー、そして校長以下引率《いんそつ》教員全員が、子供たちの行動を温かく受け止めてくださった寛容《かんよう》さに頭が下がる。

## オリジナル卓球大会

山の手小学校に転勤《てんきん》して、すぐに五年生の担任になった。

この学級は、教師不要と思われるくらい素晴らしい学級だった。思考力・判断力・創造力・表現力・先見性《せんけんせい》など、これから生きていく上で必要だと思われる力を、ほとんどの子供たちがすでに身につけていたのだ。学級活動も本当に自主的・自発的に行っていた。

「次の学級会では、学級卓球大会を行いたいので、そのことについて話し合っていいですか？」

次に順番が来る司会グループが早くから私のところに申し出た。

「普通の卓球大会では、上手な人が優勝する。ちなみに、多分《たぶん》私とペアーを組んだ人が、優勝することになるかもね」

「はい。多分そうなると思います」

「それじゃあ、全くおもしろくないので、そうならないようなオリジナル卓球大会を考えてほしいな。それができるなら、卓球大会をやってもいいわよ」

「ヤッター。では、がんばります」

一週間は、あっという間にやって来た。
「自分たちだけで学級会を開きたいのです。先生は、卓球大会の時のお楽しみ——という
ことにして、職員室で日記を読むかテストの採点をするかなどして来てください」
司会グループのリーダーに言われた。子供たちだけで十分《じゅうぶん》話し合い活動が進む学級だっ
たので、
「そうね。あなたたちには任《まか》せられるわ。そのかわり、途中で何か困ったことがあった時
はすぐに呼びに来てね」
「はい。分かりました」
そうやって本当に安心して任せられる学級は、世の中にどれくらいあるだろうか？　日
記を読みながら、どんな卓球大会になるのかなあ～と、ワクワクドキドキした。
チャイムが鳴っても、子供たちは呼びに来なかったので急いで教室に戻った。決まった
ことは？　子供たちはよほど内緒《ないしょ》にしたいのか、黒板《こくばん》がきれいに消されていた。私もそん
な子供たちの気持ちを大事にし、決まったことを聞かないでおいた。
卓球大会当日、何やら妙《みょう》なものを持ってくる子供を発見した。五時間目、卓球台のある
教室に入った。

「それでは、これからオリジナル卓球大会を始めます。まずはじめに岩元君に、初めの言葉を述べてもらいます」

月並みではない言葉であいさつを終えたので、大きな拍手《はくしゅ》を送った。

「次はペアーを決めます。なるべく男女になるように、くじを分けています。男子はこの箱から引き、女子はこの箱からくじを引いてください」

さすがだ。言わなくっても、学級目標の一番目の〝男女仲良く〟を守ってくれている。

「ペアーが決まったので、次はラケットのくじを引きます。どちらかが代表で引いてください」

えっ？　ラケットのくじ？　辺《あた》りを見回しても、ラケットらしきものは用意されていない。うっかり持ってくるのを忘れたかな？　勝手にそう思っていた時だ。

「キャー、スリッパだった。ごめんね。植松君」

「いいよいいよ、ドンマイ」

「わー　鍋《なべ》のフタだった！」

「やったーナイス！　案外いいかもね。尾山さん」

やっと分かった。ラケットがない訳が。

他にも、ご飯のしゃもじ、厚紙《あつがみ》、箱、ちりとり、ほうき等々、よく考えたなあと思うようなものが、どっさり。いやーこれはすごいや。どのチームが優勝するか全く分からない。これなら卓球の腕など、あまり関係ないなあ。

さて、どうなるのか。ユニークな卓球大会が始まった。

もう笑い転げるしかなかった。スリッパを片手に奮闘《ふんとう》している植松君の真剣《しんけん》な顔。それを見ていると、その真剣さがかえっておかしかった。試合を見ている者は、みな手を叩《たた》いて大笑いしている。どの試合もどの試合も、笑うしかなかった。

私もくじを引き、川山君とペアーを組んだが、何せ当たったラケット（＝おたま）が悪すぎた。おったまげるしかなかった。あんなスペースにとっさにピン球を当てるなんて、名人でも無理だ。あえなく負けてしまった。でも敗北感《はいぼくかん》は湧《わ》かなかった。

こうして、一時間はあっという間に過ぎてしまった。こんなにお腹《なか》が痛くなるくらい笑ったことはかつてあっただろうか？　人生に笑いは大切。笑いが少なくなったら、この卓球大会を思い出したい。

他にもまだある。この学級は、すべてがこのような意外性がある素晴らしい学級であった。自動車工場に見学に行った時のことだ。

「見学後は各自、自分の得意《とくい》な方法でまとめてみよう。ただ、ノートにまとめるだけではつまらないからね……。どんな方法でもいいからね」

そう言って、まとめたものは？　巻物《まきもの》、詩、壁新聞、歌、漫画《まんが》まである。特によくできていたのは紙芝居《かみしばい》だ。絵も文章もあまりにも素晴らしく、学級内でただ発表させるだけでは、もったいない。一、二年生の学級の先生にお願いして、出張紙芝居をしたくらいだ。自動車工場に送ってあげたらよかったなあと、今、後悔《こうかい》している。

また、移動教室の室内ゲームも、みんな子供たちに任《まか》せた。な、なんと、オリジナルゲームをただ考えただけでなく、見事《みごと》な司会の原稿《げんこう》まで作成《さくせい》して、一冊の冊子《さっし》にまとめてしまった。しかも、実際に一つ一つのゲームにかかる時間も計算して、時間内にピッタリと終わるように計画を立てていた。当日、時間ピッタリに終わったので、その苦労の内《うち》が分かったのだ。

どこかにバスで見学に行く時も、バスの中で楽しい企画《きかく》をどんどん進めていく。バスガイドさんからは、こんなことを言われた。

「このような素晴らしい学級を見たのは初めてです。皆さんは日本一の学級です」

うれしかったが、私は何もしていない。

教員生活を振り返った時、いつも、

「あの子たちには何もしてあげられなかった……」

と懺悔《ざんげ》の気持ちで胸がいっぱいになってしまう。

それくらいクラスのみんなが才能と独創性《どくそうせい》にあふれていたのだ。

ごめんね……。私、役に立たなかったね……。

## 先生には「普通の先生」がよく似合う

忘れもしない。それは一年間だけ六年生を担任した年のことである。一学期の終業式の日、つまり七月二十日の出来事《できごと》であった。

今日で一学期も終わりか……。

毎日、一年ぽっきりの六年生相手で気が張っていた私には、ほんの少しばかり安堵《あんど》の気持ちがあったが、いつものように終業式の日の二十分の中休みにも、校庭で子供たちと汗を流して遊んでいた。

「──松村先生、お電話です──」

校内放送が流れた。せっかく最後の日を、子供たちと楽しく遊んでいたのに……と思いながら職員室に駆《か》け込んだ。手にまでぐっしょりと汗をかいていた。

「お待たせいたしました」

営業用の声を出している自分を感じた。

「私は八木橋《やぎはし》という者ですが……」

学級には該当《がいとう》する名前の子供はいない。しかも電話の向こうの方は相当《そうとう》なご年配《ねんぱい》の方《かた》であることが、その話しぶりから読み取れた。何の御用《ごよう》だろうか？　不吉《ふきつ》なことが頭をよぎった。

「先生の学級に脇本武雄という子供がいますか？　その子供のことでお話をしたいことがありまして……」

「ハイおりますが……何か八木橋《やぎはし》様に失礼なことでもいたしましたでしょうか？」

「いや、その子のことで今日、先生の所にうかがいたいと思っていますが、先生は何時頃お手すきになりますか？」

「今日は職員全体の打ち合わせが三時からありますが、四時ぐらいからは空《あ》いていますが……」

「分かりました。では、四時頃おうかがいいたします。お話はその時に……」

そう言って電話を切られてしまった。

受話器を置いてからも、私の頭の中では勝手な想像が駆《か》け巡《めぐ》った。脇本君がその八木橋さんに何か失礼なことを言ったのだろうか？　それとも自転車に乗っていてその方にぶつかって、反対に文句でも言ったのだろうか？　……などと悪い想像が頭をよぎったが、すぐに否定した。教え子を信じたい。特に脇本君は優秀で、正義感《せいぎかん》も人一倍強い。悪いことなど絶対にするはずがない。むしろ、その方に親切《しんせつ》にしたから、そのお礼にいらっしゃるのかも？……教え子を信じないでどうするのだ……と自分を叱《しか》った。

そうは考えてみたものの、約束の四時までの時間は妙《みょう》に長かった。子供たちに夏休み中の注意事項《じこう》を話し、特に

「水の事故や、交通事故、その他の事件事故に巻き込まれないように。絶対に死なない。登校日には全員の元気な顔を見たい」

と、くどいほど話した。

その後、一人一人に通知表を手渡した。一人一人が記入してきた通知表の予想表と見比べながら、実際の通知表が良い場合は、こういうところを努力して結果を出したから上がったと賞賛《しょうさん》した。実際が予想より悪かった場合は、本人が落胆《らくたん》しないように念入《ねんい》りに励《はげ》まし、ここをこう改善《かいぜん》すれば二学期は上がるよなどと時間をかけて説明した。そして最後には決まって、

「一学期、よくがんばったね。よい夏休みを」

そう言って固く固く握手《あくしゅ》をして終わる。脇本君の所では、何か聞き出そうかどうしようか躊躇《ちゅうちょ》したが結局《けっきょく》はやめた。もしも気まずいことがあったら、そのままつまらない夏休みにしてしまうかもしれない……という思いが私を踏《ふ》みとどまらせた。一人一人に時間をかけて、十二時三十分過ぎには子供たちを帰した。脇本君の順番になった時以外は、八木橋《やぎはし》

という方《かた》のことは忘れていた。

子供たちがいなくなったがらんとした教室に一人でいると、その静かな風景《ふうけい》が再び私に先ほどの電話のことを思い出させた。

「何だろう？　電話で済《す》みそうなことではないのだろうか？　それ相当《そうとう》な出来事《できごと》があったからなのだろうか？」


実は、この六年生を担任した四月、子供たちは白《しら》けきっていた。学級の中には白け鳥が何羽も飛んでいて、その白け鳥がみんな離れ離れで嘴《くちばし》は外側を向いていた。決して真ん中に集まることがなかった。その空気に耐えられず、私は笑顔を忘れてしまうこともあった。

しかし、一ヶ月たった頃には白け鳥が一羽、二羽といなくなり、何羽かの鳥がさわやかな目をして向かい合ったり、嘴を合わせたりしていることもあった。

そして、一学期の終わりには、すべての子供が明るく素直で活発になっていたと言いたいところだが、たった一人、脇本君だけが私の指導に反抗的で、ことごとく対立するような感じであった。だから、脇本君のことで話があると言われた時、不安がよぎり、想像過《か》多《た》に陥《おちい》ってしまったのかもしれない。

ずっと電話のことを考えていると、いつの間にか三時の打ち合わせの時間になっていた。

正直《しょうじき》言って、打ち合わせの内容は少しも頭に入らないまま終了していた。

「四時、四時、四時」

職員室で四時になるのを待ち続けていた。

長かった。

「先生、お客様です」

用務主事《ようむしゅじ》の声で、玄関に走った。玄関には見知らぬ方が立っていた。上品な老紳士《しんし》という感じの方だった。満面《まんめん》の笑《え》みを浮かべながら、

「松村先生ですね」

と言われた時は、少しホッとした。

「はい。松村です。スリッパをどうぞ」

とその方の足下《あしもと》に置いた。事前《じぜん》に養護教諭《ようごきょうゆ》の了解《りょうかい》を得ていたので、保健室にお通しした。

ご丁寧《ていねい》に名刺《めいし》を差し出され、

「八木橋《やぎはし》と申します。本日はお時間をとっていただきましてありがとうございます。申し遅れましたが、私は実は、脇本の母親方の祖父《そふ》です。いつも孫がお世話になっております。ありがとうございます」

私は頭から一気に血の気《け》がひいた。これは、孫とその担任がうまくいっていないことを

心配して、わざわざ遠くからいらっしゃったのかもしれない。何とかうまくいくようにお願いする気持ちでいらっしゃったのに違いない。きっとそうだ。そう思った私は、

「申し訳ございません。指導が至らず、私はお孫さんの気持ちを十分《じゅうぶん》に理解してあげることができません。お許しください」

深々《ふかぶか》と頭を下げて、そう謝《あやま》った。

「いえいえ、とんでもございません。孫はいつも日記や作文やテストを私に見せに来てくれます。孫が五行ぐらいしか書いていない日記に、先生は赤ペンで三十行以上書いてくださっている時もあります。どの日記にも、先生が必ず長い文章で赤ペンの返事をくださいます。漢字の間違いや文章の変な所にまで赤ペンを入れてくださいます。おかげさまで、孫の文章表現力が向上しました。作文にもすべて目を通し細かく赤ペンを入れてくださいます。漢字の間違いも欄外《らんがい》に、初めて（最初という意味）始まる（開始という意味）と、分かりやすく解説してくださっていますね。テストもただ点数を書くだけでなく百点を取った時は、すごいね。やったね。かっこいいね。当たり前。点数が低い時は、どうしたの？　次回期待しているよ。あなたらしくない、もう一度復習を。漢字一字の間違い、惜《お》しい。などなど、一つ一つ丁寧《ていねい》に言葉まで添《そ》えてくださっている。しかも、先生は四人のお子様がいらっしゃるそうですね。四人を育てながら、このような細やかなご指導をして

くださっているなんて……私はお店をやっています。お客さんの中に元校長先生も何人かいらっしゃって、先生のことを色々話すと、『今時《いまどき》、珍《めずら》しい先生ですね』とおっしゃいました。『どんな先生か会ってみたいのですが、ご迷惑《めいわく》でしょうかね』と、校長先生方に相談いたしました。どの先生も『いやあー迷惑なものですか！　喜ばれると思いますよ。どうぞ会っていらっしゃい』と後押ししてくださったのです。それで、勇気百倍ということで本日参《ほんじつまい》りました」

終始《しゅうし》笑顔を交《ま》じえ、次から次へとお話されるのに圧倒《あっとう》されながら黙《だま》って聞いていた。

「せっかくいらしてくださったのに、こんな何の変哲《へんてつ》もない、期待外《はず》れの平凡《へいぼん》な教師で申し訳ございません」

「いやー、今日参って本当に良かった。孫は良い先生に習ってシアワセです」

その後、日常の授業での様子《ようす》、子供たちとのかかわり、自分の教育方針《ほうしん》などなど、色々なお話をした。

「孫は、本当は先生のことが大好きだと思いますよ。素直に自分の気持ちを表現できないのです。先生のことが好きでなかったら、テストの点数の横に書いてくださる先生の言葉、日記、作文等、わざわざ私になんか見せませんよ」

そんなふうに終始笑顔でお話をされ、帰りがけに、

「これは、私どもの店の屋号《やごう》が入ったネッカチーフです。……風呂敷《ふろしき》にでも何にでもお使いください。大切なお時間を割《さ》いていただきまして、本当にありがとうございます。今後とも孫のことを見捨てないでよろしくお願いいたします」

と、包みを置かれた。頂《いただ》き物をする訳にいかないので、何度も何度もお断りしたが、

「店の屋号が入ったものですので……」

繰《く》り返し繰り返しそう言われ、屋号が入っているものを受け取らないのも失礼かと思い、根負《こんま》けしていただいてしまった。玄関《げんかん》でも何度も何度もお辞儀《じぎ》をされ、玄関を出られてからもまた幾度《いくど》も振り返っては深々《ふかぶか》とお辞儀をされ、やはり満面《まんめん》の笑《え》みを浮かべて帰って行かれた。

私は保健室のイスに一人腰掛《こしか》けて呆然《ぼうぜん》としていた。八木橋《やぎはし》様の言葉を額面通《がくめんどお》りに受け取ってもよいのだろうか?……本当は、孫と私の関係がうまくいっていないことを察して心配していらっしゃったのでは……それにしても温かな励《はげ》ましの言葉をたくさんいただいたなあ……と心が温かくなった。本当は恨《うら》み言《ごと》の一つや二つもおっしゃりたかったのかもしれない……半信半疑《はんしんはんぎ》ではあったが、いずれにしても心の広いご老人に大変救われた思いがした。

家に帰って、屋号が入っているというネッカチーフを開けた。大判の上品《じょうひん》で素敵《すてき》な柄《がら》のものであった。しかし、それ以上に驚いたのは、その下に何とデパートの商品券が入っていたのだ。しかも、二万円分も……。何もおっしゃらなかったのは、私が絶対受け取りを拒否《きょひ》するのが分かったからだと思った。名刺《めいし》をいただいていたのを思い出し電話をした。

「本日は、温かな励《はげ》ましのお言葉を頂戴《ちょうだい》いたしましてありがとうございます。お言葉を心にしまい、今後も日々がんばります。ネッカチーフは有難《ありがた》く頂戴いたしましたが、商品券は受け取るわけには参りません。お返しにうかがいます」

「いやー孫がご迷惑《めいわく》をおかけしていますので、ほんのお詫《わ》びの気持ちですので……」

「いや、迷惑なんてかけられておりません。それに当たり前の教育しかできていませんし……」

「いやいや、あれほどの赤ペンの作業は、普通の先生ではとてもとてもできません。先生だからこそと思っています」

などなど、話は三十分いや一時間以上続いた。そして、とうとうこのようなことをおっしゃった。

「誠《まこと》に失礼なことを申し上げます。気分を悪くされたり、おしかりを受けたりするかもしれません。今の私どもの経済状態と先生の家のそれとは、正直《しょうじき》に申しまして、相当《そうとう》に開きがあると思います。それくらいの金額は私どもと致《いた》しましては、どうってこともない金額です」

こうまで言われたのでは、自分が折れるしかないと思った。いつか、その分はお返ししようと思った。


夏休み中に、私が籍《せき》を置く研究会の全国大会が仙台で開かれ、私も参加することになった。その頃、NHKの大河《たいが》ドラマで伊達政宗《だてまさむね》が放映されていたため、仙台は伊達政宗一色《いっしょく》であった。私は、この間いただいた商品券のお礼にちょうど良い……と、伊達政宗の風鈴《ふうりん》やテレカ（テレフォンカード）などを買ってお土産《みやげ》にしようと考えた。

それだけではとても足りないと思い、九月早々《そうそう》、脇本君に似合いそうな秋物と冬物のセーターなども買い求めた。それでもまだ足りないかもしれないが、自分のささやかな気持ちとして、脇本君のおじいちゃんの家を訪ねることにした。

名刺《めいし》の住所と屋号《やごう》を頼りに、初めてその地を訪れた。下町の素敵《すてき》な街並みであった。思わず入ってみたくなるようなお店が軒《のき》を連《つら》ねていた。比較的賑《にぎ》やかな商店街の中にそのお店があった。

おじいさんが、ちょうどお店にいらっしゃった。

「先日は結構《けっこう》なものをいただきまして、大変恐縮《きょうしゅく》です。仙台で研究発表会がありまして……少しばかりお土産を買って参りました。それからこちらは脇本君に着ていただきたいと、洋服を少しばかり買って参りました」

「それはそれは……かえって申し訳ありません」

それから戦争の話になって、大事なアルバムを何冊も何冊も見せていただきながら、若き日々の思い出話をたくさん聞かせていただいた。温かな人柄《ひとがら》がにじみ出る話ばかりであった。時折《ときおり》涙ぐみつつ話された。次から次へと話題に事欠《ことか》かなかった。私はすっかり話に聞き入って時のたつのも忘れてしまった。気がついた時には、辺《あた》りがすっかり薄暗くなってしまっていた。

「お忙しいでしょうに……すっかりお引き止めしてしまって、申し訳ございません。年寄《としよ》りの話によく付き合っていただきました」

いつの間にかタクシーを呼んでくださっていて、

「お釣りはいりません」

と、運転手にお金を渡してくださった。従業員の実家から届いたという桃《もも》や梨《なし》までたくさん積んでいただいた。何をしに行ったたか、かえって分からなかった。しかし、この三度のお話で、私はおじいさんがずっと前からの知り合いのような気がしてきた。とても良いおじいさんとお友達になったような不思議な感覚に陥《おちい》ってしまった。それと同時に、また一つ借りが出来てしまった……と、心苦しかった。

それからまた二ヶ月がたった。そして、想像だにしなかった出来事《できごと》が起こってしまった。一度も学校を休んだことがなかった脇本君が、突然学校を休んだ。胸騒《むなさわ》ぎがした。どうしたのだろう？　何の連絡もないし……。授業中もずっと気がかりだった。二時間目が終わった頃、彼が突然現れた。妙《みょう》にションボリとうつむいている。目もいつものようにキラリとした輝きもなく、瞼《まぶた》は赤くはれ上がっている。

「どうしたの？　脇本君」

ただならぬ様子《ようす》を感じ取り、友達が周りを取り囲んだ。

「昨日《きのう》の夜、おじいちゃんが死んじゃったんだ……」

ポツンと呟《つぶや》いた。誰も次の言葉が出ない。私も驚き、

「えっ、あのお店をやっていらっしゃるおじいちゃん？　うそー、あんなにお元気になさっていらっしゃったのに……」

思わず教卓から声をかけていた。信じられなかったし、嘘《うそ》であってほしいと願った。

「嘘《うそ》や冗談《じょうだん》でこんなことを言うわけないだろう」

いつもの反抗《はんこう》的な口調《くちょう》だった。でも、彼の言うことはもっともだ。

「ゴメン。本当なんだ。嘘であってほしいと思って……。それで、いつお通夜《つや》で、いつ告《こく》別式《べっしき》なの？」

「てめえに、そんなことを言う必要はない」

お友達には丁寧《ていねい》な言葉で話し、他の先生方にも美しい敬語で話をする彼が、私にはいつも乱暴で挑戦《ちょうせん》的《てき》なものの言い方をする。いや、正しく言えば、私だけではなかった。五年生の時の担任に対してもそうであり、彼の母親まで担任に対して辛辣《しんらつ》なことばかり言うので、それに耐えられなかった担任は六年生に持ち上がらず、私が後を任されてしまったのだった。

私には教えてくれないのね。そう思ったが、何一つ苦言《くげん》を呈《てい》さず、「どんな先生か会いたくて来た」と言って最大限の賞賛《しょうさん》と励《はげ》ましをくださったあのおじいちゃんが亡くなってしまったことにショックを受け、私は心の中で静かに泣いていた。私に会いに来てくださったのは虫の知らせ？　孫をよろしくというメッセージだったのだろうか？　……そう思わずにはいられなかった。優しい上品《じょうひん》なお顔、穏《おだ》やかで静かな話しぶり、人を温かくする笑顔が脳裏《のうり》によみがえってきた。

次の日の夜、お通夜《つや》があるのではと思い出かけて行ったが、辺《あた》りはひっそりしていてそれらしきものはなかった。その翌日はちょうど日曜日だった。前日に自分で焼いた焼き菓《が》子《し》とご霊前《れいぜん》を持って出かけて行った。お通夜の真最中《まっさいちゅう》であった。お焼香《しょうこう》をした後、彼の母が私に気づいて出て来られた。すかさず焼き菓子とご霊前をお渡しした。すると冷たく、

「このような物は結構《けっこう》です」

強い口調《くちょう》で返された。日頃、私に対して心を開いてくださっていなかったので、やっぱり……と心の中で思った。

「お父様が私の教育に感動したと言ってくださったのは嘘《うそ》なんですか？　やはりお孫さんを心配されて私の所にいらっしゃったのですか？」

「いえ、父は心底《しんそこ》素晴らしい先生だと、先生を尊敬《そんけい》しておりました」

「ありがとうございます。それならお父様のご霊前にぜひお供《そな》えください。その後はご自由にしていただいて構《かま》いません」

「………」

無言《むごん》で受け取ってくださった。おじいちゃんの真《しん》のお気持ちをうかがえてよかった。

〈お孫さんの心をずっと捉《とら》えられないかもしれません。……でも私は、脇本君のことがとても大好きです。これからも精一杯《せいいっぱい》かわいがって精一杯教育します。どうか天国で見守っ

ていてください〉
遺影《いえい》に語りかけた時、おじいちゃんが心持ちニッコリ笑ってくださったような気がして、やっぱり行ってよかったと思うことができた。

その後、彼のお母さんがおじいちゃんのお店を継《つ》ぐことになり、一家で引っ越しをするということが決まった。

「家から学校まで相当《そうとう》遠くなってしまうね。おじいちゃんの家の近くの学校に転校するのでしょう？」

ちょっぴり寂《さび》しいとは思ったが、学校まで通うのが大変だろうと思って私はそう言った。

「てめえとは別れたくても、友達とは別れたくないよ。卒業までこの学校にいるよ」

複雑な気持ちで彼の言葉を聞いていた。


それから卒業の日まで日々努力をしたが、何度も何度も彼とぶつかり、改善《かいぜん》は見込まれそうもなかった。

ある日のことだ。脇本君があまりにも反抗的で注意をしても、

「なぜ？　なぜ？　それがいけないのですか？」

反省の言葉が全く出て来ないので、放課後も残して、何度も何度も同じことを繰《く》り返し言った。とうとう彼は、なんと、こう言ったのだ。

「てめえは、おじいちゃんから、物をもらいやがって……」

「それは事実だけれど……それっておじいちゃんのことを侮辱《ぶじょく》してない？　あんまりです」

思わず彼の顔を両手で挟《はさ》んでぶった。

次の瞬間、ビシッという音とともに顔から火花《ひばな》が散った。私は思わずその場にうずくまり、あまりの痛さに言葉が出なかった。彼が殴《なぐ》り返してきたのだ。運の悪いことに歯の治療《ちりょう》中で昨日《きのう》奥歯を抜いたばかりだった。そこに彼のパンチがもろに入ったので、筆舌《ひつぜつ》に尽《つ》くしがたいほどの痛みだった。その上、殴り返してきたというショックが痛みを増幅《ぞうふく》させた。頬《ほほ》の上から奥歯を少しさすった。やはり痛みで言葉すら出ない。長い沈黙《ちんもく》が続いた。とてもじゃないが、これ以上話す気力もなくなった。

「今日は、もう帰っていいです。家で、今日あったことをじっくり考えて反省してください」

翌日の彼の日記は、いつもの数倍も長かった。

「ぼくは、クラスのみんなが言うように、先生のことが好きなのか？……いや、自分で自分の気持ちがよく分からない。しかし、以前父親が言ったように『郷《ごう》に入《い》っては郷に従《したが》え』なのか……」

などと、よく分からないことがたっぷり書かれていた。しかし、小学生としては格調《かくちょう》高い文章で、まるで中学生が書くような内容だった。しかも小さくてきれいな字で、A４の紙、二枚にぎっしりと書かれていた。今も、自宅の倉庫を探《さが》せば原文《げんぶん》が出てくるかもしれない。

「……最後に昨日《きのう》ぶったことは心から謝《あやま》る。ただ、後のことはおアイコだから謝る気はない」

という言葉でその日記は結ばれていた。読んだ後、不思議な気持ちにさせられたが、何だか悪くない気持ちになった。ぶち返したことだけは彼も謝ってきたし、……何よりも学級のみんなが先生のことを一番好きなのは脇本君だと陰《かげ》で言っていることも理解しているようだ。何となくみんなが言ってくれているように、最も私のことを信頼《しんらい》して好きだと思ってくれているのは彼なんじゃないだろうかという気もしてきて、自信が沸々《ふつふつ》と湧《わ》いてきた。

しかし、そんなことがあった後も日常的に反抗を繰《く》り返す彼の言動に接するたびに、その自信が大きく揺らぐことも少なくなかった。

時がたつのは早いもので謝恩会《しゃおん》の計画を立てる時期がやってきた。代表委員会の会長である脇本君が、先生や主事《しゅじ》に対する感謝の言葉を述べることになった。

「一応見るので、早めに書いて来てね」

と伝えると、すぐに書いてきたものの、文才のある優秀な彼が書いたとは思えないような内容であった。唖然《あぜん》として私は言った。

「何ですか、これは……あなたの文章とは思えないわね。あなたはもっと文章表現力があるはずよ。全く心が入っていないし、感謝・感動が全く伝わってこないわね」

「先生に対する感謝なんて、おかしくってまじめに書けるかよ」

「あらいやだ。勘違《かんちが》いしないでよ！　謝恩会は私に感謝する会ではないでしょう？　一年生から五年生までの担任の先生、クラブや委員会や登校班《はん》の担当の先生、専科《せんか》の先生や養護の先生、栄養士の先生、給食主事さん、用務《ようむ》主事さん、地域の皆さん、お父さん、お母さん、ご家族みーんなに感謝する会でしょう？　あなたは、謝恩会は私に感謝する会だと思ったの？」

「分かりましたよ。分かりました。そうですね。皆さんに感謝する会でしたね。それなら十分《じゅうぶん》書けます。今日書き直してきます」

翌日、彼らしい見事《みごと》な感謝・感動があふれている文を書いてきた。しかし、それからの日々も脇本君とは歩み寄りがなく、時はたった。あーあ、おじいちゃんとの約束は果たせないで終わってしまうなあ……。

謝恩《しゃおん》会当日の朝、登校してくる子供たちを教室で待った。

彼が登校してきた時、「アッ」と一瞬《いっしゅん》、声を上げそうになった。

な、なんと彼が着ている洋服は、私がおじいちゃんの家に届けたあの洋服なのだ。今まで一度も学校に着て来なかったので、気に入らないから着てもらえないのだと、ずっと思っていた。それが、よりによってこんなに大切な日に着てくれるなんて……。目を疑ったが夢ではなかった。私だけが分かる彼の思い。

「彼が着ているあの洋服は、私がプレゼントしたものよ」

学級の子供たちにも、先生方にも誰にも言えないこの言葉――

マイクの前で彼は堂々と、あの洋服を着て心を込めて感謝の言葉を述べている。彼の後ろにおじいちゃんの笑顔がかすんで見えた。初めて彼が見せた私への歩み寄り。私への沈《ちん》黙《もく》の言葉……彼の謝恩《しゃおん》の言葉が私へのそれに聞こえてしまった。

しかし、またまた辛《つら》い気持ちになる出来事《できごと》が待っていた。

卒業式当日、学級の親子と私で丸岡町の方で昼食会を開こうと学級の役員が計画してくださった。しかし、彼と彼の母親は欠席だという。

子供たちがそれを知り、私が悲しむと思って脇本君に何度も何度も出席するように働きかけてくれたようだ。彼は、

「僕も本当は出たいのだけど……お母さんが……」

と言ったそうである。みんなで最後の会食ができないのか……寂《さび》しいな。またもや暗い気持ちになってしまった。


あっという間に卒業式の日を迎えた。卒業式にふさわしい、とても良い天気の朝だった。

「最後に先生に言っておきたいことがある。ちょっと廊下《ろうか》に出てください」

つかつかと寄ってきて、彼はいきなりそう言った。私は、また殴《なぐ》られるかも？　と思いつつ、

「な、なあに……」

彼から距離を置いて、後ずさりをしながら廊下《ろうか》に出た。彼は神妙《しんみょう》な顔をして、

「以前、授業中先生が教えてくれましたね。太宰治《だざいおさむ》が『富士《ふじ》には月見草《つきみそう》がよく似合《にあ》う』と言ったそうですね。『先生には普通の先生がよく似合う』。決して校長や教頭にならないでください」

私の心にパッと大きな灯《あか》りがともり、涙があふれた。それを悟《さと》られないように、

「あ、ありがとう。」

そう呟《つぶや》いた時には、彼の姿はもうなかった。この時、彼も本当は私の教育の良き理解者だったのだと確信し、一生忘れられない卒業式になった。

丸岡町での親子昼食会には、やはり彼と彼の母親の姿はなかった。しんみりした寂《さび》しい会食が終わり、丸岡町から地下鉄に乗って最寄《もよ》りの西山町の駅に着いた。改札《かいさつ》を出たその時、一人の子供が叫んだ。

「あっ、脇本君だ」

やはり気がかりだったのか、わざわざ西山町の駅まで来て、私たちを待っていたようだ。

「やはり脇本君は、本当は来たかったんだよ」

「先生といっしょに最後の食事をしたかったんだよ。かわいそうな脇本君」

子供たちが、口々にそう言っていた。脇本君の姿を私も自分の目で確かめたかったが、

私は彼の姿を見なかった。

……でもいいのよ。あのおじいちゃんの励《はげ》ましの言葉と、あの洋服と、そしてあなたのあの言葉。私の心の中に大きなきれいな花を咲かせてくれたから……。

# 宮本弘子さんに教わったこと

「先生、母が死にました」

　突然の電話だった。教え子の利恵ちゃんからだった。

「誰にお知らせしたらよいか分からず……、母は生前《せいぜん》、松村先生のことをとても尊敬《そんけい》していて『あんないい先生はいない』といつも言っていました。それに私が結婚する時にも来ていただいたし、先生にはお知らせした方《ほう》がよいと思いまして……」

　急だったので、どう言っていいのか言葉も出てこない。

「よく知らせてくれたわね。知らせてくれてよかったわ。それで、ご病気だったの？」

「はい、ガンでした」

「そう、ずっと昔、ガンになられたって聞いた気がするけれど、それってもう十年以上も前のことだったよね。もうすっかり完治《かんち》されたと思っていたのに……」

「はい。何度か転移し入退院を繰《く》り返しながらも、四つのガンと戦って十六年間、私たちのためにがんばってくれました」

「そうだったの……。お母さんらしいわ。がんばられたのね」

そこで急に込み上げてくるものがあった。

「その間、いっしょに旅行に行ったり、楽しい思い出を作ったりすることもたくさんできました。親孝行《こうこう》の真似《まね》ごともできました」

「そうだったの。でも早すぎたね。もっともっと生きてほしかったね。お通夜《つや》と告別式《こくべつしき》の日時《にちじ》が分かったら教えてね。絶対うかがうから……」

「はい、分かりました。ありがとうございます。先生に来ていただいたら、きっと母も喜びます」

電話を切ると、利恵ちゃんのお母さん、宮本弘子さんの顔が浮かんできた。下町の温かなお母さんというような方で、庶民的《しょみんてき》で話しやすい人だった。

お母さんがガンになったと人づてに聞いた時、病院にお見舞いに行こうと思った。しかし何をどう話し、どう慰《なぐさ》めたらよいのかと色々考えているうちに、どんどん心が重くなり、行きそびれてしまった。退院されたと聞いた時も、お顔を見に行き励《はげ》ましたいと思ったが、うまく言葉をかける自信がなくて、また行きそびれてしまった。その後も、何度か電話をしようかなあと思ってはいたのだが、病気が病気だけに、いつどんな形で再発しているかも……と考えると、ますます恐ろしい気持ちが膨《ふく》らんでしまって実行できなかった。そして今日、後悔《こうかい》と書かれた大きな石が上から降《ふ》ってきた。あ〜あ、私は何という薄情《はくじょう》な人間なんだろう。生前《せいぜん》の彼女の姿を思い出しながら、大粒《おおつぶ》の涙がこぼれ落ちた。最後にお話したのは、利恵ちゃんの結婚式に招待された日だった。もうはるか昔のことだ。

何か話し忘れた気がする。もっと感謝の心を伝えなければいけなかった。そんなことを考えると、涙が止まらなくなった。

お母さんと強烈《きょうれつ》な出会いをした日。

利恵ちゃんを四年生で担任した、初めての保護者会の時だ。会の最後には、出席した保護者一人一人から、ひと言お話していただいていた。

「松村先生がこの学校に来られて八年目。近所に住む、先生の教え子のお母さん方から、先生の評判《ひょうばん》を聞いて、とても期待しています。あとでお話したいことがありますので、保護者会終了後、少しお時間をいただきたいのですが……」

こう言われたことを昨日《きのう》のことのように覚えている。

最初から過度《かど》の期待を言葉にされたから驚いた。保護者会終了後、子供たちの絵がぎっしり貼《は》られた教室の後ろの方でお話した。

「先生、うちの利恵は二年生の頃、いじめられていました。少しの間、学校に行けなくな

りました。朝、行こうとしたらお腹《なか》が痛くなる。頭が痛くなる。全身で学校を拒否《きょひ》してい
ました。担任の先生に言っても、なかなか動いてくれませんでした。仕方《しかた》なく、私が毎朝
学校について行きました。学級会を開いたり、道徳で指導したりしていただくように担任
の先生に何度もお願いしました。三年生になってもいじめはなくならず、学校が嫌いで、
利恵はいつも暗い表情で、じめじめしていて、いじけていて、おとなしくて、自分に自信
がもてないんです。そんな利恵が不憫《ふびん》でなりません」

お母さんの目から涙がこぼれ落ちた。

「…………………」

「私は利恵が大好きなんです。先生のお力で、利恵を何とか子供らしい子、自分に自信が
もてる子に育てていただきたいのです。利恵は家では、本当に家族思いのいい子なんです。
利恵のことが心配で心配で……。松村先生、本当によろしくお願いします」

私の手をギュッと両手で握《にぎ》りながら、切々とお話された。その一つ一つの言葉に我《わ》が子
に対する深い愛情がにじみ出ていた。お母さんの温かな手が私の心まで温かくした。

世の中すべての親は、我が子のことが、みんなかわいくて大好きで、深い愛情をもって
いる。しかし、これほど親の深い愛情を感じたことはなかった。何としてもこの母親の思
いをしっかり受け止め、期待に応えなくては——そう思った。

考えてみると、彼女には兄と弟が一人ずついたが、二人ともいつも笑顔で、明るくひょうきんな子供らしい子供だった。利恵ちゃんのような暗さはみじんも感じなかった。

それからも、保護者会や授業参観《さんかん》のたびに残っては、利恵ちゃんの学校での様子《ようす》やお友達関係のことなどを聞いて行かれた。

連絡帳もよく届いた。

「利恵が『いい発言をしたとすごくほめられた』と、喜んで帰ってきました。ありがとうございます」

「今日、友達が利恵の心に傷がつくようなことを言った時、細山君が『そんなことを言うのはやめなよ。利恵ちゃんが傷つくよ』と言ってかばってくれたそうで、利恵が喜んでいました」

「テストで続けて良い点を取ったと先生がほめてくださったと喜んでいました」

「授業が楽しい。おもしろいと喜んで、授業内容を話してくれました」

などなど、こまめにうれしいことが書かれていた。

利恵ちゃんのお母さんは、連絡帳に一度も苦情《くじょう》を書いてきたことはなかった。いつも、担任の心に灯《あか》りがともるようなことをよく書いてくださった。いわば、担任の活力剤《かつりょくざい》になるようなものばかりだった。

連絡帳にさえ、利恵ちゃんに対する愛情がにじみ出ていた。

私も必死に利恵ちゃんを見守った。もちろん利恵ちゃんだけでなく、誰もがいじめない、いじめられないように。利恵ちゃんが学校生活を楽しく送り、自信を取り戻すようにも心を配った。

一年間で彼女はずいぶん変わった。表情は明るくなり、発言も増えてきた。

五年生はクラス替えがあった。公平に各学級を四等分し、クラス分けをした後、抽選した。その結果、私は五年二組の担任になり、彼女は四組になった。四組の担任には、彼女の低・中学年の頃の様子《ようす》と、母親の心配などを細かく申し送った。お母さんにも申し送ったことを伝え、今後も同じ学年にいるから、陰《かげ》ながら見守ることも伝えた。


利恵ちゃんが六年生になったある日、お母さんから家に電話があった。

「明日、利恵の誕生日会を開きます。利恵は先生のおかげで明るくなり、お友達も増えました。学級の子供たちで、招待する子としない子を作るのはいやなので、全員を招待します。先生もお忙しいとは思いますが、勤務時間が終わり次第《しだい》、ちょっと子供たちの様子を見に来てくださいませんか」

子供たちの様子のところで、思わず反応してしまった。四年生で教えた子供たちが四分の一はいる。その子供たちの様子《ようす》や成長ぶりを見てみたいと思った。

翌日、躊躇《ちゅうちょ》しながらも、勤務時間が過ぎたらすぐに自転車で様子を見に行った。みんなご招待されたのがうれしかったのか、どの子供の瞳もキラキラ輝いていた。男女仲良く遊んでいて本当に楽しそうだった。

それにしても、学級の子供たち全員を呼ぶ労力も財力も大変なものだ。公平で子供たちすべてを大切にする、面倒見《めんどうみ》も抜群《ばつぐん》のお母さんだからこそできたのだと思う。本当に素敵《すてき》なお母さんだった。彼女はとにかく人間が好きで、子供たちが好きで、出会った一人一人を本当に大切にする人だった。

その後、利恵ちゃんは陸上大会や水泳大会に学校代表で参加した。運動会のリレーの選手にもなった。代表委員会の役員にまでなった。

大変身をとげた。

このようなことが次から次へと浮かんできて、その夜は眠れなかった。

電話を受けた時は、千葉のセカンドハウスにいたので、お通夜《つや》が行われる場所までは二時間半くらいかかった。お通夜の場所に着くと、一人の主婦のお通夜とは思えないほどの人・人・人であふれていた。

交流関係の広さと深さに今更《いまさら》ながら驚き、多くの人を愛し、そして多くの人から愛された方だったのだと改めて知った。

利恵ちゃんは、私を見つけて言った。

「たった一年で自分に自信をもち、学校も勉強もスポーツも好きになり、友達ともうまく付き合えるようになりました。『今のあなたがあるのは松村先生のおかげよ』と、母はいつもいつも言っていました」

そんなふうに言ってくださっていたのだ。もっともっと大切にしなければいけなかったのに……。

遺影《いえい》に向かって詫《わ》びた。

宮本弘子さん、ありがとうございます！

あなたの素晴らしい生きざまを、この本の中に残します。

## 緑川大橋を越えて

四十年近く前に私が勤務していた山崎小学校は、とにかくPTAが派手《はで》なことが大好きな学校だった。

毎年、謝恩会《しゃおんかい》が卒業式のある日の午後に開かれた。

それがまた超がつくぐらい派手なもので体育館の中に業者が屋台《やたい》を設営し、焼き鳥屋、おでん屋、フランクフルト屋、お汁粉《しるこ》や甘酒の甘味処《かんみどころ》等がぐるっと周りを囲んで、縁日《えんにち》を思わせるほどだった。今なら問題になると思われるが、真昼間《まっぴるま》にもかかわらず各種のアルコールまで出た。天井《てんじょう》にはミラーボール、両サイドにはカラフルな照明もつけ、演奏者まで呼んで、生バンドのカラオケ大会まであった。六年生担任だけは壇上《だんじょう》に上がってスポットライトを浴び、仰々《ぎょうぎょう》しく業績や教育活動をほめ称《たた》えられ、抱《かか》えきれないような花束《はなたば》をいただいていた。校内での謝恩会が終わると、場所を変えて二次会三次会となり、夜中の十二時を過ぎてもまだ会は延々《えんえん》と続くのだ。

他校の教員を経験した後、勤務したその学校の初めての謝恩会だったので、本当に度肝《どぎも》を抜かれた。派手さに驚いただけではない。両親ともその謝恩会に出席している子供たちはと言えば……せっかくの卒業式の夜なのに祝ってもらえず、寂《さび》しくカップラーメンをすすっているかもしれない。親は豪華《ごうか》な食事をしているというのに……どこか変だ……。

私は、この会に参加するたびに心を痛め、何とか親子でいっしょに祝える謝恩会《しゃおん》にしたいと考えていた。同じ考えの先生も何人もいた。

山崎小学校で最初に六年生を卒業させてから、同じ学年を受け持った先生が他校に転勤《てんきん》されるたびに、

「松村先生、何とか謝恩会を親子いっしょに、ごく普通に行うものに変えてね」

と言い残して行かれる。

二回目に六年生を卒業させる時も、何とか正常な謝恩会に改革したいと思って色々と努力をしたが、学年の先生の間でも意見が割れて、若い自分の力ではどうすることもできなかった。それでも派手《はで》派手の謝恩会だけは避けられた。相変わらず親だけの謝恩会にはなってしまったのだが……。

三回目の卒業生を送り出す時がやってきた。山崎小学校に勤務してちょうど十年。大きな節目《ふしめ》だ。卒業生とともに自分も転勤しようと密《ひそ》かに決めていた。一回目、二回目と同学年を組みともに子供たちを卒業させた先生方は、もうすでに全員が他校に転勤してしまっている。謝恩会を正常な形にできる最後のチャンスだ。そう意を決したら、若かった私に

は妙《みょう》な正義感《せいぎかん》というか、使命感というか、そういうものが沸々《ふつふつ》と湧《わ》き上がってきた。ここで私が正常な親子いっしょの明るく楽しい謝恩会《しゃおんかい》にしないと……私に託《たく》して転勤《てんきん》された先生方《がた》にも申し訳ないと思った。情熱がメラメラと炎になって燃えてきた。

まずは、学年会議の時に私の思いを話した。他の三人の先生方も私と全く同じ考えであったことに意を強くした。次は、各学級から選出された卒業対策委員のお母様方にも、

「卒業式の日、親子いっしょにアルコールなしで、ささやかでも和気《わき》あいあいとした温かな謝恩会を開催しましょう。これは学年の先生方の総意《そうい》です」

と伝えた。さほどの意見も出ず、お母様方はこぞって賛成《さんせい》してくださった。内心《ないしん》一安心、これで良い形の謝恩会ができると思い、とてもうれしかった。

それから間もなくして、校長室に呼ばれた。

「ＰＴＡの会長さんが話があるそうです。今夜七時にＰＴＡ会長さんの家に行ってください」

「何でしょうか？」

「行けば分かります」

その夜、私の悪い予感が的中《てきちゅう》した。ＰＴＡ会長は、地元のたんぽぽ幼稚園の園長さんでもあった。なかなか貫禄《かんろく》がある会長だ。

「いつも、素晴らしい教育をありがとうございます」

会長はいきなり、おべんちゃらを言い始めた。最初はいかにも園長らしい穏《おだ》やかで紳士《しんし》的な話し方だったが、突然、こう言ってきた。

「松村先生、先生は良い先生だとばかり思っていました。しかし、何の権利があって歴史と伝統のある謝恩会《しゃおんかい》をつぶそうとしているのですか？」

「えっ？　私が新しい形で謝恩会を無理矢理やろうとしている？　違いますよ。学年の先生方全員で決め、卒業対策委員のお母様方全員で決めたのですよ。決して私が勝手に変えようとしている訳ではありません」

「でも、先生が提案されたというじゃありませんか。親は、先生からの提案だから仕方《しかた》なく了承《りょうしょう》したそうですよ。何が何でも今まで通り、親だけ参加の謝恩会にしますから……私がＰＴＡの会長の時に変えたのでは、歴代のＰＴＡ会長に何と言われるか……私の立場も考えてください」

会長は、たんぽぽ幼稚園の園長という立場を利用し、幼稚園出身の子供の保護者に働きかけて、自分の考えを押しつけたようだ。そんな様子《ようす》が見え見えである。何とか理解をしていただこうと努力したが、話はずっと平行線のまま終わってしまった。暗い気持ちで家路《いえじ》についた。

次の日、また校長室に呼ばれた。

「ＰＴＡ会長には、学校が大変お世話になっています。だから、会長がおっしゃるような形で謝恩会《しゃおん》を行ってください」

そう一方的に言われた。まだ若かった私は、憤慨《ふんがい》していくつかの言葉を返したが、結局《けっきょく》は校長に無理矢理従《したが》うしかなかった。

親子いっしょの謝恩会をすることを、子供たちも望んでいたのだ。私は教室に行き、子供たちに正直《しょうじき》に今までのいきさつを話した。

「先生は、卒業式の日、親子いっしょに会食し、みんなで六年間の思い出をしみじみと語り、保護者や先生方とともに卒業を喜び合ってもらいたかったし、お友達同士とも、じっくり語り合って絆《きずな》を深めてもらいたかった。それぞれの中学に別れて行くのだし……みんなもそれを望んでいたし……だから、先生は何とかして卒業式の午後、親子いっしょの謝恩会を開けるようにがんばってきました。同学年の先生も、卒業対策委員のお母さん方も、みーんな賛成《さんせい》してくださった。しかしＰＴＡ会長によって、その夢は打ち砕《くだ》かれた。謝恩会が保護者と先生方のみで行われるならば、私は出ません。先生は、みんなには悪いけれど、抗議《こうぎ》の意味で、保護者との謝恩会も子供たちの謝恩会も両方出ません。大人げないけれど……」

そうみんなに話した。何気《なにげ》なく細田君の方を見ると、細田君はかわいい目で私の方をじーっと見つめ、目から大粒《おおつぶ》の涙がポタポタとこぼれ落ちていた。

「ねえ、いいでしょう？　細田君？」

「松村先生が出ないなら、僕も出ません。先生に一番感謝したいのに、その先生が出ないなら僕も出ません」

「僕も出ません」

「私も出ません」

「私も――」

教室中が、出ませんコールに包まれ、多くの子供たちは泣いていた。私は、このような事態になるとは、全く予想していなかった。とんでもないことになったと思いつつ、

「ありがとう。みんなの気持ちはとってもうれしいけれど……謝恩《しゃおん》会はね、私にだけ感謝する会ではないのよ。一年生からの担任の先生、専科《せんか》の先生、クラブや委員会の先生、用務《ようむ》のおじさん・おばさん、給食を作ってくださる方々、シルバーの学童さん、ご家族、地域の方々等、みーんなに感謝する会ですよ。だから、みんなは出なさい」

「そんなこと分かってます。……でも、僕は一番感謝したいのは先生だから、絶対、絶対、出ません」

スポーツマンの会田君がムキになって言った。

「ばかねえ。そんなことをしたら、先生がみんなを巻き込んで謝恩会《しゃおんかい》に出さないと思われるよ。私が悪者で、責められることになると思います。それでいいのですね？」

「……」

「……」

教室は静まり返った。多くの子供が泣きじゃくっている。鼻をすする音が響《ひび》いてくる。無言《むごん》でうな垂《だ》れている子供もいる。

そんな子供たちの姿を見ながら、私は自問自答《じもんじとう》を繰《く》り返していた。保護者の謝恩会はもとより、子供たちの謝恩会もボイコットするのは自分勝手すぎるだろうか？　大人げないだろうか？　自分のエゴか？　でも……それぐらいやらないと気が済《す》まないし、これからも謝恩会は変わらないだろうし……せっかく謝恩会を改革できそうだったのに。断固《だんこ》として抗議《こうぎ》するには、これぐらいのことは許されてもいいのかもしれない。信念をもって最後まで自分の気持ちを貫《つらぬ》こう。……でもなあ、子供たちの最後の活躍の場である謝恩会なのに、成長した凛々《りり》しい姿を見て感動することもできないのは寂《さび》しいなあ……出ないのは教育者としてのモラルに欠けるのだろうか……色々なことが頭をよぎり、辛《つら》くてたまらなかった。

月日のたつのは早いもので、あっという間に子供たち主催の謝恩会《しゃおん》の日になってしまった。

な、何ということだろう？　謝恩会当日の朝だというのに、苦しくて苦しくて布団《ふとん》の中から起き上がれない。どうなってしまったのだろう。体の節々《ふしぶし》が痛くてたまらない。気持ちが悪くて今にも吐《は》きそうだった。熱を測ると四十度もあるではないか……これは、神様の仕業《しわざ》か……行くなということか……行こうという気持ちは、ほんの少しはあったが……三十八度台ならともかく、これでは行きたくても行けない。ほんの少しは残念だという気持ちはあったが……学校に年休を申請することにした。

申請してからも高熱にうなされて、なかなか眠れなかった。

みんな、自分の役割を果たして、謝恩会をきちんと立派に行っているかなあ？　自分が育て上げた子供たちだ。大丈夫《だいじょうぶ》、絶対やってくれる。心配ない。そう自分に言い聞かせているうちに、いつの間にか眠っていたようである。

「おーい。教え子がたくさん玄関に来ているよ」

そう言う夫の声で目が覚めた。朝も昼も何も食べずに眠っていたので、起き上がろうにも起き上がれない。とても一階までは下りていけそうにない。夫が子供たちに、熱が高くて起き上がれないのだと伝えてくれた。謝恩会《しゃおん》で出たものをわざわざ届けに来てくれたようだ。

次の日、少しは熱が下がったものの、まだ本調子ではなかったので、もう一日お休みをいただき安静《あんせい》にしていた。夕方、ガヤガヤという声に目を覚ました。

「お母さん、教え子が昨日《きのう》よりたくさん、山ほど来たよ」

「みんな、自転車で来たみたい」

娘たちがそう言っている。えっ！　信じられない。自転車であの緑川大橋を越えて来たなんて……。すごく大きな川の上に架《か》かっている橋で、上り坂が急で、一部車道と歩道が全く分かれていないあの橋を、よく子供たちは渡って来たなあ……そう思うと、震《ふる》えてきた。危険と隣り合わせの道。よく交通事故を起こさなかったなあ……。これは何としても下に下りて行かなければ……パジャマの上にジャンパーをはおり、厚手のソックスを履《は》いてよろよろと階段の手すりをつかんで下りた。

玄関を見ると驚くほどの人数で、こんなにたくさんの子供たちが自転車を連《つら》ねてやって来てくれたのかと、ビックリ仰天《ぎょうてん》した。

「先生、大丈夫《だいじょうぶ》ですか？　無理しないでください」

本当にビックリさせるんだからと思いつつも、

「大丈夫《だいじょうぶ》……」

と作り笑いをした。

「本当に大丈夫ですか？」

子供たちが不安そうに確認する。

「今からが……」

「僕たちの本当の謝恩会《しゃおんかい》です」

全員が声を合わせて言った。

「先生、本当にありがとうございました」

昨日《きのう》の謝恩会を再現しそうな勢いだったので、私は慌《あわ》てて、

「まあまあ、中に入りなよ」

と、応接間に通した。

「お邪魔《じゃま》しまーす」

みんながドヤドヤと入ってきて、応接間のソファーや絨毯《じゅうたん》に所狭《ところせま》しと座った。口々に謝恩会の様子《ようす》を話したり、感謝の言葉を聞かせてくれたり……。一斉《いっせい》に話すので何が何だか分からなかったが、子供たちの優しい気持ちだけは十分《じゅうぶん》に伝わってきて、涙があふれた。

それを悟《さと》られないように必死であった。

夕方なのでお腹《なか》が空《す》いているだろうと思い、子供たちに言った。

「インスタントラーメンでよかったら作るよ」

「やったー」

飛び上がって喜んでくれた。お菓子を出して、食べてもらっている間に急いでラーメンを作った。有り合わせの竹輪《ちくわ》と卵とネギしか入っていないラーメンだ。

「おいしい。おいしい。こんなおいしいラーメン食べたことがない」

なーんて言っている。お世辞《せじ》とは分かっていても、素直にうれしかった。ツユまで一気に飲んでくれた。我《わ》が家はラーメンどんぶりが五つしかない。

「食べたら洗ってね。次の人のを作るから……」

どんぶりを洗わせて次のを作った。もう、風邪《かぜ》で熱があるのも忘れるほど忙しかった。ポタポタと汗が流れ落ちてきた。全員が私の作ったラーメンを完食してくれた。

「先生が、また熱が上がると困るから、僕たちはこれで帰ろうぜ」

リーダー格の元川君が言った。

「先生、明日は絶対学校に来てね」

「分かったわ。そのかわり、みんな絶対、絶対、交通事故にあわないようにして、無事《ぶじ》に家まで帰ってね」

子供たちの姿が小さくなるまで手を振った。

みんなの愛を感じて、すっかり風邪《かぜ》も治ったようだ。

それから何年かかったかは分からないが、今は親子いっしょの謝恩会が開かれているようだ。

## 僕が頭《あたま》です

「急な用事があるから来て……」

昔の教え子のお母さんから呼び出されて、その教え子宅を訪問した。久しぶりということもあって、用事が終わってからも話に花が咲き、延々《えんえん》とおしゃべりを続け、気がついた時にはもう十一時を回っていた。

〈いけない！　こんなに遅くなってしまった……〉

私は夜道《よみち》を急いで駅に向かった。もうほとんど人も歩いていない。あまりにも静かで、夜の街は不気味《ぶきみ》であった。遠くのガード下に、何やらたくさんの人が座り込んでいるように見える。いや、確かに大勢の黒っぽい服を着たような人の塊《かたまり》があった。おまけに何台ものオートバイが止められているのも見えた。

〈えっ、なぜ、こんな時間に……〉

近づきつつ、目をよく凝《こ》らして見た。頭に何かを書いた白い太めの鉢巻《はちまき》をしている。服装やカッコウからして、当時、世間を騒がせていた〝暴走族〟のようだ。

〈うわ～、まずい。怖《こわ》いな～。……でも、あの前を通らないと、駅まではうんと遠回りに

なってしまう……。あ～あ、もっと早く出てきたらよかった……〉

おしゃべりな自分を、この時ほど後悔《こうかい》したことはなかった。

〈エーイ！　思い切って走って通ろう！〉

目を細めてうつむきながら、走りかけたその時、突然、頭上から声が降ってきた。

「松村先生、松村先生じゃあありませんか！　お久しぶりです。ぼ、僕ですよ」

私は、心臓が一瞬《いっしゅん》止まったかと思うほどびっくりした。倒れそうになりながら、

「エッ、あなたどなた？　私の教え子？」

目をこらして見ても全く見覚えがない。しかも、教え子が暴走族の仲間であるなんて、信じたくもなかった。

「僕は六年生の時、四組だった安元ですよ！　先生は三組の担任でしたね」

「ああ、安元君ね。覚えているわ」

彼は結構《けっこう》背が低くて、か細くて、六年生になってもあどけないかわいい顔をしていた。いつもニコニコしていたが、ふとした時に見せる寂《さび》しげな表情が気がかりで、何か訳ありの感じがする子供だった。あまりにも大きく逞《たくま》しく、力強く育っていることに大変驚いた。

彼は言葉を続けた。

「僕、一度でいいから、先生の学級の子供になりたかったんだ。もし、先生の学級の子供

になっていたら、こんな奴《やつ》らとはいっしょにいなかった！　と思うんだ」

暴走族に似合わないほど、しんみりした口調《くちょう》でそう言った。しかし、こんな奴らと言ったことに驚き、

「シーッ、こんな奴ら……なんて言うとまずいのでは？　……聞こえちゃうわよ」

「大丈夫《だいじょうぶ》ですよ！　だって僕、こいつらの頭《あたま》、リーダーですから……」

「エッ、あなたがリーダー？」

「そうですよ！　驚きましたか？」

「お願いだから、無茶苦茶《むちゃくちゃ》なことはしないでね」

「大丈夫ですよ！　僕がリーダーなんですから……」

終始一貫《しゅうしいっかん》して敬語で話し、僕と言うのが暴走族らしくなくて、おかしくもあり、かわいくもあった。

「先生、ずいぶん遅いですね。駅までお送りしましょうか？」

「ありがとう。いや～お気持ちだけでうれしいわ。でも結構《けっこう》よ」

何やら、もっともっと話したい。いや話さなければいけない……そんな気持ちもあった。でも、周りに座り込んでいる彼のたくさんの仲間が、ジーッと聞き耳をたてているような気配《けはい》を感じたし、何よりも時間が時間だったので、それもできなかった。

「元気でね」

「先生もいつまでもお元気で……」

そう言って別れ、美しの森駅に急いだ。


変な別れ方だった。元気でね……なんて、冷たい言葉だったような気がする。

家に帰ってからも、何だかとても後味《あとあじ》が悪かった。なぜ、もっとじっくり彼と話さなかったのだろう？　どうして彼の色々なことを聞かなかったのだろう？　もし、彼が自分の教え子だったら、たくさんの仲間がそばにいても、いくら遅い時間であっても、もっとじっくり色々なことを話したに違いない。隣《となり》の学級の子供だったから？……でも、先生の学級の子供になりたかった、と言ってくれたじゃあないの？……自分の教え子と同じだとどうして思わなかったの？　色々なことを考えた。何にしろ、彼の話をもっともっと聞くべきだったのだ……。何度も何度も後悔《こうかい》の気持ちが押し寄せてきた。彼とじっくり話さなかった自分が、悲しくて悔《くや》しくて……一睡《いっすい》もできず朝を迎えてしまった。

それから幾度《いくど》となく、夜遅くにあのガード下に行ってみた。彼にまた会えるのではないかと期待して……。

しかし、何度行っても、そこには彼の姿はなく、遠くの電灯が暗闇《くらやみ》を薄明るく照らしているばかりだった。

教師は子供を選べない。子供もまた教師を選べない。今更《いまさら》ながらそのことの重さを感じた。こんなにも悲しい思いに打ちひしがれたことはなかった。

自分の教え子の中にも、私以外の教師に習った方がずっとしあわせだった子供もいるかもしれない……　そう考えると心が寒くなった。

それからも、ふとした時にガード下の彼を思い出す。

# 第三章

# 人の思いはきっと伝わります

# いつも待っています

夏休みのことだった。勤務を終えて帰ってきたら、玄関前の廊下《ろうか》に巨大な箱が置いてあった。

〈うん？　何なんだろう、これは？〉

どうやらジュース類が入っているようだ。

〈いったい誰からだろう？〉

おもむろに送り状を見ると、本山典久《のりひさ》と書いてあった。

〈何かの間違いでは？〉

彼は、五、六年生の時に、私が担任した教え子だった。今は確か、高校生になっているはずだ。高校生の彼が私にジュースを？　そんなバカなことはない。誰かに送るのを、間違って私に送ってしまったのでは？……。全く、慌《あわ》て者だなあ。そう思って、すぐに彼の家に電話をした。

彼の母親が出た。

「典久は今留守《るす》ですが、何かありましたか？」

「いやー典久《のりひさ》君からたくさんのジュースが送られてきたようなんですが……、何もいただくようなことがないので、何かの間違いだと思いまして……」

「エッ、典久が、とうとうそういうことをしましたか……。いやーうれしいですね。間違いじゃあ、ありませんよ！」

「えっ、間違いじゃあないんですか？　それなら、お母様が何かおっしゃったのですか？」

「いいえ、何にも言っていません。なのにそう言うことをしてくれたのがうれしいのです」

「エッ、でも私は何も……」

「実は、あの子は高校生になって、生まれて初めてアルバイトをしましてね。今もアルバイト中で、いないんですが……、先日初めてアルバイト代をいただいたようですよ。典久は前々から、松村先生にはとってもお世話になったから、働くようになったらお礼をしたいんだ……と言っていました。いやー、親としてもうれしいですね。感謝の心を持ち続けてくれていたことが……」

「こんなことを言いますと失礼かもしれませんが……、典久君は手がかからないまじめで、ごく普通のお子さんでした。だから、こういうことをしてもらうようなお世話などしていないんですよ……」

「いやいや、先生にはとてもお世話になった――って、いつもそう言ってますよ」

「それはやっぱり、お母様が人に感謝する人間に育てられたんですね。……そうですか、ありがとうございます。では、いただいていいんですね」

「もちろんですよ。あの子も喜びますよ」

「働いて得た尊《とうと》いお金で買ってくれたことに感謝します」

そう言って電話を切った。予想だにしなかった教え子からのプレゼント。しかも汗水たらして働いて得たお金で買ってくれたなんて、もったいない気がした。彼の小学校時代を思い出す。背が高く横幅《よこはば》もあり、がっちりしていた。色白で目がクリクリして、温和《おんわ》で怒《おこ》った姿など一度も見たことがなかった。遅い時間帯にもう一度電話をすると、典久君《のりひさ》が出た。

「ありがたくって、もったいなくって、なかなか飲めないかも？」

「いやー、たいしたものではないですので……、毎日ごくごく飲んでください」

「いやいや、味わって味わって、少しずつ大事に飲みます。本当にありがとう」

「いやー、そんなー」

終始一貫《しゅうしいっかん》して、彼は照れていた。

今まで誕生日に突然、特大のケーキや新作のパンを届けてくれたりする教え子たちはいたが、彼らは何となく手がかかったというような実感があった。彼のように、何もかもが中庸《ちゅうよう》の徳というような子が、このような気持ちを持ち続けてくれることは本当に稀《まれ》だったので、ぐっとありがたさが湧《わ》いてきた。

その日から、一缶のジュースでも、一日で飲むのがもったいなくて、少しずつ、三日くらいに分けて飲んだ。娘たちにも飲ませたくない。だから冷蔵庫の奥の方に置いて、見つからないようにこっそり味わったぐらいだ。

そんなことがあってから、十年くらいの月日が流れた。

夜の九時を回った頃、ドアホンがなった。こんな夜に誰だろう？と、思いながら玄関に出ると、な、なんと、彼、本山典久《のりひさ》君が立っていた。クリクリ目玉を動かしながら、満面《まんめん》に笑《え》みを浮かべて。

「松村先生、こんばんは。突然お邪魔《じゃま》して申し訳ありません。卒業文集の先生が書いてくださった文の中に『いつも待っています』って、書いてあったのを思い出して……。彼女が出来たので、先生に報告に来ました」

「こんばんは。突然私までついて来て、申し訳ありません」

典久君の後ろで、遠慮《えんりょ》がちな声が聞こえた。スマートでさわやかな感じの女の子だった。

「いや、いいんですよ。散らかっていますが、まあどうぞ」

そう言って二階に案内した。

本当に突然であったが、確かに私は「いつも待っています」と、文集に書いた。うれしいことがあった時、悲しいことがあった時、彼女や彼氏ができた時、死にたくなった時、結婚が決まった時など、いつでも会いに来てください。いつも門を開けて、いつも待っています。——そういうように書いたのを覚えている。

彼もまた、はっきり覚えてくれていたようだ。だから、こうして実行してくれたのだ。

コーヒーと、ありったけのお菓子を出して勧《すす》めた。

二人の出会いや、どこが良かったのか、どのようなところに遊びに行っているのか、まるで〝新婚さんいらっしゃい〟の、桂文枝《かつらぶんし》さんみたいに聞いた。

彼女がトイレに立った時、典久《のりひさ》君が私に囁《ささや》いた。

「松村先生、先生から見て、彼女は僕と合うと思うか正直《しょうじき》に言ってください」

「うん、正直に言ってピッタシ。お似合いよ」

「本当にそう思いますか？　良かった。それなら、これからも付き合います」

「うん、がんばってね」

何をがんばれと言っているのか、まあ、結婚できるまで、がんばって付き合ってねという気持ちでそう言ったのであるが、言葉足らずであった。

気がつくと、あっという間に一時間半くらいたった。彼らは慌《あわ》てて、

「あ、すいません。もうこんな時間になってしまいましたね。楽しい時はあっという間に時がたちますね。帰ります」

「そうね。今度は昼間にゆっくり来てね」

帰り際、玄関のところで、高校時代に彼が送ってくれた例のジュースの話を彼女に聞かせた。

「彼は昔の教師まで大切にしてくれる。人に感謝できる人よ。だから、あなたのことも絶対大切にしてくれるからね。いい人と出会ったね」

そう言ったら、

「はい、分かっています」

とにっこりと笑った。その笑顔が素敵《すてき》だったのを憶《おぼ》えている。

それから間もなく、二人は結婚した。

## 僕は鼻血が出やすい体質で…

週のはじめの月曜日、いつものように全校朝会が行われていた。

その日の週番の先生が、

「先生方、その他、何か連絡することはありませんか」

いつもの決まり文句を発した。

「ハイ」

と挙手《きょしゅ》し、一人の先生が朝礼台に上がった。一年生の担任の安田先生だった。

「先日、僕の学級の子供が川に落ちて水死するという悲しい事故がありました。皆さんもよく知っていますね。皆さんも心を痛めていますね。そういう時に、こんなことがありました。高学年の子が休み時間に長縄《ながなわ》のロープを三階から一階に垂《た》らして、低学年の子に『つかまれ——』と言って、つかまらせて上に引き上げています。手がすべって下に落ちたら怪我《けが》をするだけでなく死ぬこともあります。このような馬鹿《ばか》な遊びは絶対にやめてください。もう、これ以上の悲しみを増やさないでください。お願いします」

切々《せつせつ》と訴《うった》えた。一瞬《いっしゅん》にして、全校児童が静まり返った。先日、安田先生の学級の子供が、橋の欄干《らんかん》にあった雀《すずめ》の巣《す》を見ようとして足を踏《ふ》み外《はず》し、川に落ちて水死するという痛ましい事故があって、みんなが悲嘆《ひたん》に暮れている最中《さなか》だった。

月曜日の朝から、すごく憂鬱《ゆううつ》な気分になり、とぼとぼと教室に歩いて行った。朝のあいさつをしてから子供たちに聞いた。

「さっきの安田先生の話聞いた？　すごいことをやっている子供たちがいるのね。一体《いったい》どこの学級かしらね。知っていたら教えてね」

我《わ》が学級を心底《しんそこ》信じ切っていた私は、絶対にこのクラスの子たちではないと確信し、他の学級を疑っていたのである。次の瞬間、信じられない言葉を聞いた。

「僕たちの学級です」

正義感《せいぎかん》の強い数人が即座《そくざ》に答えた。さっきまでの大きな自信が一瞬《いっしゅん》にしてバキバキと音を立てて崩壊《ほうかい》した。頭から血の気が一気に引いていき、許せないという気持ちが炎と化《か》してメラメラと燃えた。

「何？　誰ですか？　そんなことをやったのは……出てきなさい」

声を最大限に張り上げ、目は三角、鬼の形相《ぎょうそう》になっているのが自分でも分かる。

二人の子供が頭を垂《た》れておずおずと私の所に近づいて来た。

「そんなことをして、もし低学年の子が手を放したら怪我《けが》をするだけでなく、打ち所が悪かったら死ぬことだってあるよ。そういうことが分からなかったの？」

「いいえ、分かっていました」

悪びれることもなくボソッと答えたので、私の怒《いか》りは爆発した。

「分かっていながらやるなんて許せない。人の命をなんだと思っているの。人の命は地球より重いのよ。前から言ってたよね。人の命を危険に晒《さら》した時はぶつってね！」

「パチッ」

両頬《ほほ》を手で挟《はさ》んだ。もちろん手《て》加減《かげん》はした。しかし、あろうことか彼の鼻から突然赤い物が流れ落ちてきた。一瞬怯《いっしゅんひる》んだ。

〈ワッー、とんでもないことをやってしまった。〉

心の中で呟《つぶや》き同時に顔面が蒼白《そうはく》になった。動揺《どうよう》を隠して、

「悪かったね」

というのがやっとだった。

学級の子供たちの目が一斉《いっせい》に集まった。教室中が一瞬静まり返った。

「暴力教師」

という声は、飛んでこなかった。現在の荒れ果てた学級なら大騒ぎになるに違いない。ほんの少し安堵《あんど》の気持ちが湧《わ》いた。その時である。

「山中、これで拭《ふ》け――」

教室中から一斉《いっせい》にポケットティッシュが飛んできた。驚くぐらいの数が……。子供たちの明るさに少し心が救われた。

「どうも……」

山中君はティッシュを引き出し鼻血を拭き始めた。それを見て幾分《いくぶん》冷静になった私は、

「悪かったね。ごめんね……」

と言うと、彼は鼻を押さえながら、でも、はっきりと学級のみんなに聞こえるような声でこう言った。

「先生、僕は鼻血が出やすい体質なんです。昨日《きのう》の夜も出たんです。だから気にしないでください」

こんな時にも私をかばってくれている彼の気持ちが信じられないし、うれしくもあった。涙があふれそうになりつつも、鼻血を出させてしまった自分の行為《こうい》に対してとても後味《あとあじ》が悪く許しがたかった。

長い一日だった。やっと勤務時間が終わった。何にしろ、自分が体罰《たいばつ》を行い、鼻血を出させてしまったのだ。山中君の家に行き、正直《しょうじき》に話して心からお詫《わ》びをしよう。そう思って、彼の家に向かった。道を急いでいた時、保護者に呼び止められた。

「先生、会長さんの息子さんを殴《なぐ》ったら、鼻血が出たんですって？　あのＰＴＡの会長さんうるさいから先生を訴《うった》えたり、先生の身に不都合《ふつごう》なことが起こったりするかもしれませんよ。そういう時は言ってください。いつでも助けますから……」

「……先生、何かあったら署名《しょめい》運動でも嘆願書《たんがんしょ》でも何でも協力しますから言ってくださいね」

買い物帰りの数名の保護者に呼び止められては、このようなことを言われた。まるで、もう私が訴えられるかのような言い方ではあったが、そこには私に対する好意的な受け止め方がうかがえて、うれしくもあった。学級の子供たちが心配して、帰宅後にすぐ事の経緯《けいい》を話して、

「先生を助けてあげて」

と頼んでくれたようだ。子供たちの深い愛を感じる。何としても明日から、いや今日から子供たちのためにもっともっと良い教師にならなければ……。いや、そんな呑気《のんき》なことを言っている場合じゃない。私自身の教師生命は本当に危《あや》ういかもしれない……そんな思いが再び頭をよぎった。

そうこうしているうちに、いつしか彼の家にたどり着いていた。ＰＴＡ会長はまだ帰宅されていなかったようで、美しくて上品な奥様が出て来られ、奥の座敷《ざしき》に通された。

とりあえず、奥様に今朝《けさ》の一連の出来事《できごと》を話した。

「まあ、利夫がそんなことをしたのですか？　よくぶってくださいました。ありがとうございます。利夫が言うように鼻血が出やすい体質なんですよ。昨夜も出たんですよ」

好意的な話しぶりにホッと胸を撫《な》で下《お》ろした。会長が帰ってくるまで部屋で待った。窓越しに目に入ってくる手入れが行き届いた庭先の木々が美しく輝いていた。その横のガーデニングの花々はさらに美しくマッチして、まるで絵画を見ているようで、しばらく見とれていた。

間もなくして、会長が帰って来られた。玄関先で奥様が迎えられて、何やらお話をなさっている様子《ようす》がうかがえた。会長の言葉を神妙《しんみょう》に待った。

「先生、こんばんは。よくぶってくださいました。一発では足りません。もっとたくさんぶってくださってよかったですのに……もし何でしたら、私が後でぶっとばしておきます」

すぐさま過激《かげき》な言葉が飛んできた。私は慌《あわ》てて、

「いえいえ、もう私が十分《じゅうぶん》に注意をいたしましたから、もう結構《けっこう》でございます」

「そうですか……分かりました。本当にありがとうございます。そんな悪いことをしたら、いくらぶってくださっても結構ですから。うちでも悪かったらぶっていますから…」

その後、少し取り留《と》めのない話をして引き上げた。何とか首は免《まぬが》れたようだ。

それから、彼を卒業させるまでの間に、会長とは何回か対立することがあったが、私は、会長の娘（も担任した）にも息子にも深い愛情を注ぎ続けた。

彼を卒業させてから何年かたった頃、人づてにこの会長が経営していた会社が倒産したと聞いた。大豪邸《だいごうてい》も差し押さえられ、一家で夜逃げ同様にいなくなったという噂《うわさ》も伝わってきた。

私は、利夫君や、その姉が、どこでどうしているのだろうか、無事《ぶじ》でいてくれたらいいのだが……と心配していた。

そんなある日、夜の十時を回った頃である。彼が突然電話をかけてきた。

「先生、こんばんは。きっと、先生は僕のことを心配してくださっているでしょう。ちゃんと生きていますからご安心してください。今度、お台場《だいば》の方で事業を始めました。父の友達で資金を融資《ゆうし》してくださった方《かた》がいて……　今はまだ小さな会社ですが、必ず大きな会社にしてみせます。期待していてください」

さすがは社長の息子、やることが違う——感心しながら彼の話を聞いた。少し安心するとともに、彼の会社の発展を祈っていた。

それから数年後、突然クラス会が開かれた。誰かが幹事になって、人を集めてくれたようだ。

その前日、またしても彼から電話がかかってきた。

「先生、明日はご自宅でお待ちください。僕が迎えに行きますから……」

翌日、彼は約束の時間にやってきた。タクシーで来るのかなあと思っていたら、な、なんと外車ではないか。しかも、スポーツカータイプの。

「本当にお久しぶりです。どうぞ」

彼は紳士《しんし》的で、さっとドアーを開けてくれた。私は、座ってからも、初めて乗るスポーツカータイプの車に興奮して、車中をキョロキョロと見回した。

「ねえ、天窓《てんまど》開くの？」

「もちろん開きますよ」

と言って彼は開けてくれた。うれしくてうれしくてそわそわしていたら、

「先生、格好《かっこう》悪いので落ち着いて座ってください」

注意を受け、本当に格好が悪いなあと思いつつ、借りてきた猫のようにおとなしくチョコンと座った。

会場に着いてから、たくさんの教え子たちと楽しく会話をしたり飲食《いんしょく》をしたりしていたら、あっという間に一次会が終了してしまった。

「これから二次会に行きましょう。二次会は全部僕が出します。小学生時代みんなに迷惑《めいわく》ばかりかけていました。そのほんのお詫《わ》びの気持ちです」

「そう？　無理しなくてもいいわよ。私だって出せるから……」

「これぐらい大丈夫《だいじょうぶ》」

そう言って、何気《なにげ》なく取り出した黒革の札入れの中には、万札がぎっしり。推定数十万円は入っていたと思われる。

三次会もあった。気がつくと、もう辺《あた》りはすっかり夜が明けていた。私は彼らの体力には到底《とうてい》勝てなかった。彼らの話を聞きながら、時折《ときおり》、知らず知らずのうちにうつらうつらと眠っていた。

「先生、寝ないでください」

何度も何度も、揺り起こされる羽目《はめ》になった。やがて強烈《きょうれつ》な睡魔《すいま》に襲われた。

「ゴメン！　もう限界。もう解放して。家に帰って寝るわ。明日じゃあなかった、もう今日だね。今日の日曜日も学校に行かなくてはならないのよ。少しでも寝ないと身がもたないから……」

「そうですか……　それなら僕が送っていきます」

利夫君がそういった時、彼が一滴《いってき》もアルコールを飲んでいなかった訳が分かった。その彼の思いがありがたかった。他の子供たちは、みんなで踊りに行く……とか言っていた。彼らは本当に体力があるなあ。私は再び黒ピカの外車で送ってもらった。

それから、また十何年ぐらいかの時が流れた。彼がその昔住んでいた学校の近くに行く用事があった。彼の近所の、彼より何歳か上の元教え子と、その保護者数人と会う機会があった。

あのＰＴＡの会長、すなわち彼の父親の話題が出た。何回も意見が食い違い、不愉快《ふゆかい》な思いも幾《いく》たびか経験した。あの鼻血事件の時には温かな言葉をかけていただいたが、それ以外ではあまり分かり合うこともなかったような気がする。その会長が

「あの先生は、真の先生だ。あの先生以上の先生は二度と出て来ないだろう」

と、様々《さまざま》な所でそう言ってくれていたらしい。

とても信じがたく、意外でもあった。どうして、そこまで評価していてくださったのか……、今となっては分からない。その会長はかなり前にお亡くなりになったという。全《まった》く知らなかった。

今は、ただ一つ、彼が父の遺志《いし》を継《つ》いで会社をどんどん大きくしていってくれることを願っている。

# 二人の先生

山の手小学校で副校長をしていた頃の話だ。

副校長職は結構《けっこう》忙しい。

教育委員会への提出書類、保護者や地域の方々との対応、授業観察、子供の安全にかかわる施設の見回り、その他諸々《もろもろ》の調整等々。

とりわけ私が大事にしている仕事は、日々かかってくる電話の応対である。どんなに他の仕事が忙しくても、職員室にいる先生方の誰よりも早く電話を取ることにしている。ワンコールで取るのが自分の信条だ。各先生方は私以上に仕事が忙しいと思うし、また、電話の応対がその学校の印象を大きく左右すると考えていたからだ。

「はい、山の手小学校、副校長松村でございます」

日頃のだみ声を殺し、さわやかで温かなよそ行きの声を出すようにしていた。

その日も、そうだった。九時を少し回った時のことだ。電話のベルが鳴った。

「はい、山の手小学校副校長……」

「あっ、よかった副校長の松村先生ね」

最後まで言わないうちに、そう言われた。

「はい」

「実は私ね。今、精神科に来ているのよね」

「はい」

「なぜだか分かる？」

「ゴメンナサイ。分かりかねます」

「そうでしょうね。うちの子が学校に行きたくない。何人かに意地悪《いじわる》されている。いやだ、死にたいと言うのよね」

「えっ、そうなんですか？　それは大変ですね。失礼ですがお名前をお聞かせ願えますか？」

「言えない」

「でも、それでは対処《たいしょ》のしようがありません」

「でも、言えない。自分で考えてくれる？　副校長先生ならきっと分かってくれると思って電話したんだから……」

「ありがとうございます。すぐ分からないで申し訳ありません。私の努力が足りないと思います」

「私も、自分の精神もおかしいし、娘も毎日、毎日、学校に行きたくないって言うし……」

「それで、今日はお休みでしょうか？」

「いや、毎日、毎日、無理に行かせてます」

「…………」

お休みだと言うのなら、欠席の子供を探《さが》せば分かると思ったのだが……。

それから後も、四十分以上、何度も何度も同じようなことを話され、ちっとも話が進展しなかった。しかし、話しているうちに少しは心が開けて来たのか、三年生ということだけは聞き出せた。これで対処《たいしょ》の糸口だけは見つかった。

「……分かりました。何とか見つけ出して私が守ります。毎日、毎日、教室にそれとなく様子《ようす》も見に行きます」

「……だって、副校長先生はお忙しいんでしょう？」

「忙しくても大丈夫《だいじょうぶ》です。子供の命を守ることは私の一番大切なお仕事ですから。気がついてあげられないで本当にごめんなさいね」

「分かりました。お任《まか》せします」

電話を切った。

胸が苦しかった。死にたくなるくらいいやなことがあって、それでも我慢《がまん》して学校に来ている三年生の子供がいる、それがたまらなかった。それに気がつくことができなかった自分自身もとてもいやだった。

早速《さっそく》、校長に電話の内容を報告した。校長もすぐやるという実行力のある方だった。

「二十分休みに、三年担任を校長室に呼ぶように……」

二十分休みの少し前に三年生の教室に行き、チャイムとともに、一組・二組の担任を呼んで来た。校長が電話の内容をかいつまんで説明した。

「死にたいくらい悩んでいるということだ。死なれてたまるか……」

校長が言った。

「それで、名前が分からないんだけど、思い当たる子がいますか？」

私がそう切り出した。

女性の野野川先生の顔色が即座《そくざ》に変わった。

「副校長先生、ひょっとしたら私の学級の子供かもしれません」

「そうですか？　で、犬山先生の方は思い当たる子供はいませんか？」

「はい、私の方は別にいません」

きりっとした視線をこちらに向けて、男性の犬山先生は自信ありげに言い切った。

野野川先生は、国立の付属小学校から転勤《てんきん》して来て、教え方にも毎回創意工夫《くふう》があり、ユーモアも交えた授業は、いつ見ても見事《みごと》で感心していた。一人一人の性格もよく理解していて、個性を伸ばす名人だった。常日頃から、なかなか教員としての資質が高いと評価していたし、将来にも大きな期待を寄せていた。

犬山先生は、新規採用教員として初めて教職に就《つ》いた。明るく元気で、子供たちといっしょによく遊んでいたが、経験がないため、授業の方はこれから指導をしていかなければならないという感じだ。意欲はあるので伸びる素質はあった。

正直《しょうじき》に言って、私は女性の野野川先生の学級だとは思えなかった。もし、そうだとしたら自分の評価が間違っていたのかもしれない。

「まあ、誰だか分かりません。両方の学級の子供を一つの教室に集めて、道徳指導として、うまく様子《ようす》を聞き出してください。指導の後、紙に書かせるのも一つの方法です」

「分かりました。私の学級に子供たちを集めて指導をいたします」

「私も見に行きましょうか?」

「いや、副校長先生が来てくださると、子供たちが緊張するかもしれません。私が指導して、誰だか特定できない時は、副校長先生にお願いいたしますから……」

「分かりました。野野川先生にお任《まか》せします。先生ならきっとうまく見つけ出してくれるでしょう」

四時間目が終わった。給食の準備をするように子供たちに言ってから、二人の先生が校長室に来た。

「誰だか分かりました。道徳の指導をしてから、最近うれしかったこと、悲しかったこと、いやだったこと等、正直《しょうじき》に書かせました。そうしたら、出てきました。『お友達からいやなことを何度も何度も言われて、毎日学校に来るのがいやだ』と、はっきり書いてありました」

「よかったですね、分かって！　それで、野野川先生の学級の子供だったんですか？」

「いえ、違いました」

申し訳なさそうに、そう言った。

「犬山先生の学級の子供だったんですか？」

「はい、僕の学級の小松さんでした」

暗い表情で首をうなだれて、犬山先生がそう答えた。

「まあ、分かって良かったですね。さすが野野川先生。指導力がありますね。うまく聞き出せたのは先生の話のもって行き方が上手だったからですね」

「いえいえ、そんな……」

野野川先生は、あくまで謙虚《けんきょ》だった。

「それで、これからの指導をどうしますか？」

「はい、給食を食べたら、小松さんをどこか専科《せんか》の教室に呼んで、誰にどんなことを言われるのかを具体的に聞きます。それから放課後、名前が挙《あ》がった子供たちを呼んで指導しようと思います」

「そうですね。野野川先生が学年主任ですから、中心になって指導をしてください。犬山先生もその場にいっしょにいて、野野川先生の指導を学び、これからの教育に生かしてください」

「はい、分かりました」

「野野川先生、教室に行って一、二組の両方の給食の指導をお願いします。犬山先生には、もう少しお話があります」

野野川先生が校長室から出ていくのを見計《みはか》らって話した。

「犬山先生、何か反省点はありますか？」

「はい、小松さんが、そんなに悩んでいることを見抜けませんでした」

「そうですね。その他にはありませんか？」

「……………」

「思い当たる子がいますか？　と私が聞いた時に、野野川先生は、私の学級の子供かもしれませんとおっしゃいました。一方、犬山先生は別にいませんと断定《だんてい》されました。すごい自信だなあと私は思いました。ここなんですね。実際はどうでしたか？……。謙虚《けんきょ》に私の学級の子供かもしれない、そう思った方が今後伸びると思いますよ。謙虚な野野川先生を見習ってくださいね。私も若い頃は犬山先生と同じだったという反省の気持ちから、あえて言いにくいことを言わせていただきます」

「はい、分かりました。申し訳ありませんでした」

犬山先生は、深々《ふかぶか》と頭を下げた。自分の若き教員時代の後悔《こうかい》の念が沸々《ふつふつ》と湧《わ》いてきた。自分に野野川先生のような謙虚さがあったら、もっと良い先生になっていたのに……という自戒《じかい》を込めて思わず言ってしまった。

放課後、小松さんの連絡帳にこう書いた。

「担任も私自身も、お子さんの苦しい胸の内を分からずに申し訳ありませんでした。お許しください。子供たちには指導いたしました。明日からは、時間の許す限り教室に行って、遠くから様子《ようす》を見守っています。休み時間にもできるだけお子さんを見守るように、担任も学年主任も私も努力します」

翌日からは、提出書類の作成は後回しにして、できるだけ教室に足を運んだ。

何事もなかったように、明るくお友達と話をしている小松さんの様子《ようす》を見て、ああよかったと思った。

翌日も、翌日も、何週間か続けたある日の放課後、小松さんにそっと聞いてみた。

「最近は、学校楽しい？」

「はい、とても楽しいです」

そう言って、にっこりと笑った。

「早く早く、こっちに来ていっしょに遊ぼうよ！」

校庭の端《はし》の方から、小松さんを誘うお友達の声が聞こえてきた。

## 娘がいじめにあっています

夕方の五時半を少し回った頃だった。いつものように職員室で提出書類の作成をしていた。

「副校長先生、ちょっとお話が……」

職員室のドアをほんの少しだけ開けて、私を呼ぶ声がした。

「はい」

すぐに書類を置いて廊下《ろうか》に出た。職員室に入って来られないわけがあるのだと思ったからだ。そこには、二年生の青木聡子《さとこ》の母親が立っていた。見ただけで何か困ったことがあるのだと思った。顔が暗く目が潤《うる》んでいた。

「どうぞこちらに……」

職員室の隣《となり》の小会議室にお通しした。あいにく学校長は出張していたので、自分が対応し後で校長に報告しようと思った。イスに座るように促《うなが》し、自分もその隣のイスに腰掛《こしか》けた。相談者の向かい側に座ると、正面からまじまじと顔を見ることになり、相談者が話しにくいからだ。

「実は……、娘がいじめにあっています。もう学校に行かないと泣くんです」

「エッ、いじめですか?」

私は、いじめという言葉に大きく反応した。自分自身、『いじめは、しない、させない、見逃《みのが》さない、許さない』ということで、アンテナを張《は》り巡《めぐ》らし、日々最も注意深く子供たちを見守っているつもりだったからだ。

「そうです。いじめです」

「私は一、二年生の教室にはよく行くようにしています。子供たちはいつも明るく元気で、仲良くしているように見えますが……」

「でも、娘はいじめられているのです」

「そうですか? たとえばどんなことをされているのですか?」

「いつもいっしょに帰っていた友達に『今日もいっしょに帰ろう』と言ったら『今日は加代ちゃんと帰る』と言われたり、『遊ぼう』と言ったら『遊べない』と言われたり、『おはよう』と言っても返事が返って来なかったり、……最近は、男子も話しかけても返事をしないとか……、その他にもいっぱいあって……」

「お母さん、それって本当にいじめですか? 意地悪《いじわる》が続いているのではないですか?

もちろん、意地悪も続くといじめに発展すると思いますが……、聡子ちゃんにとっては悲しい大きな出来事《できごと》だと思いますが……」

「そう言われれば、いじめとまでは言えないかもしれません。でも聡子にとっては、辛《つら》い悲しい出来事なのです」

「おっしゃる通りです。そういうことをされたり、言われたりしたら誰だって悲しいし、いやになりますすね」

「そう思っていただけますか」

「もちろんです。聡子ちゃんの心が傷ついたのですね。ちょっとした行き違いがあまりにも続きすぎたのですね。よーく分かりました。相談に来ていただいてうれしいです。さっそく担任の先生の了解《りょうかい》を得て、明日の朝の会の時に私が子供たちとお話をします」

「エッ副校長先生、まさかうちの娘の名前は出さないでしょうね」

「はい、大丈夫《だいじょうぶ》です。そして必ず聡子ちゃんが悲しい思いをしないようにします。お任《まか》せください。だから安心するように聡子ちゃんに話してください。そのかわりお母さんは必ず聡子ちゃんを明日も登校させてくださいね」

「分かりました。副校長先生にお任せします。くれぐれもよろしくお願いします」

お母さんは、深々《ふかぶか》とお辞儀《じぎ》をして会議室を出て行かれた。

子供たちは、ちょっとした行き違いで、心がしおれてしまうんだなあ……とびっくりしたが、当事者や親にとっては深刻な問題には違いない。

さっそく担任には、聡子とその母親の心配を、かいつまんで話した。担任も驚いた様子《ようす》だったが、すべて私に任《まか》せてほしいと伝え、朝の会の時間を使わせてもらうことを了承《りょうしょう》してもらった。


翌日、朝の会の時間になり、二年二組の教室に行った。

ガラガラとドアを開けたとたん、

「副校長先生、おはようございます」

元気のよいあいさつとともに、大きな拍手《はくしゅ》が起こった。

「ありがとう。ありがとう」

両手を合わせてコブシを作り上下に動かしながら言った。みんなは私のその様子を見てドッと笑った。そう、二年二組はいつも明るく元気でいじめとは無縁の学級なんだ。

「ありがとう。拍手は大きめに！　おならは小さめに！　だよね。いつも拍手で温かく迎えてくれてありがとう。今日は担任の品川先生に時間をもらって、みんなとお話したいと思って突然やってきました」

みんなはゲラゲラ笑いながら、これから何が始まるのか……という感じで私の方を一斉《いっせい》に見た。

「本当に素敵《すてき》な学級ですね。先生は二年二組が大好きです。品川先生も大好きです。それで、これから私が色々質問をします。その答えは顔を伏《ふ》せて他《ほか》の人を見ないで手を挙《あ》げてもらいます……」

そう言うと、さっと顔を伏せた子供が二、三人いた。

「君と君、すぐやって偉《えら》い。けれどまだ先生は何も質問をしていませんね。先生が質問をして『はい、顔を伏せて』と言うまでは、伏せなくていいのですよ。分かりましたか？」

「はい」

「それでは、質問しますよ。学校は楽しいですか？　はい、それではみなさん顔を伏せてくださいね。大変楽しい人？　……やや楽しい人？　……普通の人？　……やや楽しくない人？　……大変楽しくない人？　……おまけです、……死ぬほど楽しい人？」

子供たちはみんな素直に顔を伏せて、手を挙げた。

「素晴らしい！　ほとんどの人が、死ぬほど楽しいとか、大変楽しいに手を挙げました。さすが二年二組ですね。でも残念なことに少しの人だけやや楽しくないに手を挙げてしまいました。正直《しょうじき》ですね」

子供たちは、キョロキョロ周りを見回した。まるで誰が？　と言いたげだった。

「みなさん、誰が？　なんて考えなくってもいいですよ。それでは、次の質問をしますよ。実は今、お友達からいやなことを言われたり、されたりしていることはありますか？　正直《しょうじき》に手を挙《あ》げてね。はい、顔を伏《ふ》せて」

また、五段階で聞いてみた。たくさんあるや、ややあるに手を挙げていた子供がたくさんいたことにびっくりした。

「はい。顔をあげてくださいね。みんな正直な子供たちばかりでいいですね。結果は後で言いますね。では、次の質問をしますよ。ひょっとしたら、自分がお友達のいやがることを言ったりしたりしているかもしれないな？　と思うことがありますか？　はい、顔を伏せて……」

またまた先ほどと同じ結果が出た。大変いやなことを言ったり、したりしているというのだ。

「はい。またまた正直でした。では、結果を言いますよ。よーく聞いてくださいね。自分は、友達からいやなことを言われたり、されたりしている、という人がたくさんいました。反対に、自分は、友達にいやなことを言ったり、したりしているという人もたくさんいました。楽しいはずの学校なのに……。これでは困りますね。……、みんな、今日から約束してほしいのです。これから一ヶ月間、自分がされていやなことを人にしたり、言われていやなことを人に言ったりしたりしないようにしましょう。一人一人ががんばったら、学校がもっともっと楽しくなる。全員が楽しいに手を挙《あ》げられるようになるんですよ」

うんうんとうなずきながら聞いたり、

「分かった！」

と言う子がいたりした。

「みんな約束してくれますか？　はい顔を伏《ふ》せて。……、約束してくれる人？」

何と全員が手を挙げてくれた。

「うーん。先生はとってもうれしいな。一ヶ月後、私はまた来ます。その時、全員が学校はとても楽しいや、死ぬほど楽しいに手を挙げてくれたら、私はその時にみんなに、素晴らしいゲームを教えてあげます。そのゲームは、先生の昔の教え子が考えたゲームで、日本一楽しいゲームなんですよ」

「エッ、そんなに楽しいゲームなんですか」

「はいそうです。日本一です」

「エッ、本当に教えてくれるんですか？」

「みんなが約束を守って、お友達にいやなことを言ったり、したりしなければね。さあ一ヶ月後が楽しみです。では、それまでさようなら」

「エッ、もう帰っちゃうんですか？」

「はい。品川先生、大切な時間をありがとうございました」

「いいえ、こちらこそありがとうございました」

廊下《ろうか》に出た時に、何となく温かな風を感じた。


それから一週間ほどたった時だった。玄関や廊下や校庭で、私を見つけた二年二組の子供たちは、駆《か》け寄ってきた。

「副校長先生、もうお友達のいやがることを言ったり、したりしていないよ。誰からもいやなことを言われたり、されたりしないよ。だから、みんな学校がとても楽しいはずだよ。日本一楽しいゲーム早く教えてよ」

みんな決まったように口々に言う。

「約束は一ヶ月だったよね。一ヶ月たったら聞きに行くから、ずっとずっと楽しみに待っていてね」

「早くやりたいな。日本一楽しいゲーム」

子供たちは本当に楽しみにしているようで、瞳がきらきらと輝いていた。

約束の一ヶ月がたった。

その朝、担任に断《ことわ》って、朝の会の時に教室に行った。戸を開けた途端《とたん》に、

「おはようございます」

と前より一段と大きなあいさつの声と、拍手《はくしゅ》が鳴り渡った。

「おはようございます。約束の一ヶ月ですね」

「自信あります」

誰かが叫んだ。

「うん、うん」

みんな笑顔でこちらを見ている。

「さて、顔を伏《ふ》せて。学校が大変楽しくない人？」

シーン

「やや楽しくない人？」

シーン

「普通ぐらいの人？」

シーン

「やや楽しい人？」

シーン
「大変楽しい人?」

一斉《いっせい》に手が挙《あ》がった。

「死ぬほど楽しい人?」

これまた先ほどと同じように一斉に手が挙がった。

「はい！　顔をあげてください。すごいね！　みんなが大変楽しいとか、死ぬほど楽しいに手を挙げました。それはどうしてかな?」

子供たちが一斉に手を挙げた。

「友達からいやなことを言われたり、されたりしなくなったからです」

たくさんの子供がうなずいている。

「……、ということは、反対に、みんながお友達にいやなことを言ったり、したりしていないということでもありますね」

「さらに、どうしたらもっと楽しくなるか分かる人いますか?」

見るからに聡明《そうめい》そうな由紀ちゃんが手を挙げた。

「自分が言われてうれしいことを友達に言う」

「さすが由紀ちゃん！」

「はい」

孝君《たかし》もすかさず手を挙《あ》げた。

「自分がされてうれしいことを人にする」

「すごいすごい！　二年生でよく分かったね。すごいよみんなは！　それでは約束通り、日本一楽しいゲームをやります」

「ヤッター」

「そのゲームの名前は、連続亡霊《ぼうれい》ゲームです」

みんな一斉《いっせい》に笑った。

「連続亡霊ゲームとは、紙に自分の名前を書いてかくし、かくしたものを一斉に見つけに行き、見つけられた人は、見つけた人の後ろに片手をかけ、亡霊のようにくっついて歩いていくというようなゲームなんですよ」

ゲームの説明を詳しくして、ゲームは最高の盛り上がりを見せた。

「楽しかった――。もうすぐクリスマスやお正月でいとことかが集まるので教えてあげていっしょにやってもいいですか？」

「もちろんですよ。いっぱい楽しんでくださいね」

聡子の方を見たら、笑顔がはじけていた。

その日の放課後、聡子の母親がやってきた。

「副校長先生にお任《まか》せしてよかったです。いやなことを言ったり、されたりしなくなったそうです。……いっしょにやったゲームがすごーく楽しかったと喜んでいました。子供って、ちょっとしたことで悩むのですね……。また何かあったら、その時はよろしくお願いします」

明るく笑って話してくださった。

やれやれ、いじめっていうのとは、ちょっと違ったかな？　この素晴らしいゲームを考《こう》案《あん》した教え子に密《ひそ》かに感謝した。

# 忘れていた言葉

疲れた体を奮《ふる》い立たせて歩いて帰った。

勤務を終えて帰る時は、くたくたになる。いつものように玄関のドアを開けた。上り口の床の上に、何やら大きな直方体の箱が置かれている。

「うん？　一体《いったい》なあに？……」

鉢植《はちう》えらしい。中から出てきたものは、紫《むらさき》色の見事《みごと》な胡蝶蘭《こちょうらん》であった。柄《がら》にもなく私は胡蝶蘭が大好きなのだ。鉢にはメッセージが添《そ》えられていた。

「先生、定年まで長い間大変お疲れ様でした。ほんのささやかなお祝いです」

ずっとずっと昔の教え子の敦《あつし》君からの贈《おく》りものだった。

本来なら飛び上がるぐらいうれしい出来事《できごと》のはずが……飛び上がれなかった。退職まであと一年あったから……素直に喜べなかったのだ。

常に若い気持ちで子供たちと接したいと思う私は、教え子には本当の歳を決して明かさなかった。常に十歳以上サバをよんでいたので、退職の年を間違えられたとしても仕方《しかた》がない。自業自得《じごうじとく》なのだった。とは言え、この年齢になれば、一歳はとても貴重で、年上に見られたのは勝手ながら、少し、いや大いに悲しかった。敦君の気持ちはとてもうれしかったのだが……

すぐに電話を入れた。

「敦君《あつし》、すご～く素敵《すてき》なお花をありがとう。蘭《らん》が好きなのでとてもうれしかったわ。いつまでも、私のことを忘れないでいてくれてありがとう。感動したわ。それから……誠《まこと》に申し上げにくいのだけど……実は……定年は来年なの……ごめんね。正しい年齢を教えなかった私が悪いの……定年の前祝いということで、ありがたくいただきます」

そんなことがあったが、やがて本当に定年を迎える年度に入った。最後の年には、色々な教え子たちが、私の最後の勤務先の学校まで訪ねて来てくれた。中には、ご主人の勤務先であるブラジルからわざわざ里帰りして来てくれる教え子もいて、大いに泣かされた。

ある日、教え子がそれぞれ赤ちゃんを連れて、仲良し三人組で訪ねてきてくれた。背が高く運動神経抜群《ばつぐん》で、体育大学を卒業しスポーツクラブのインストラクターの仕事をした後、大手宅配会社の社員になった明美。写真が大好きでセミプロになっている由梨絵は、少し年下の超ハンサムな男性と結婚したという。帰国子女で、中学から国立の付属に通っていた学力があり、運動神経も抜群の和子。三人とも男の赤ちゃんがいた。まだ二歳にもなっていない子が一人と、一歳にもなっていない子が二人。各自、ベビーカーに子供を乗せて、ここまで来るのは大変だっただろう。三人の訪問には本当に感動した。

温かな学校長のご配慮《はいりょ》で、新築の設備の整った校舎を案内して回った後、会議室でゆっくりとお話する時間をもてた。

五年生の頃の思い出話が続いた。クラスの色々なお友達の話題になった時、敦《あつし》君の名前が出た。三人は敦君の同級生だった。私は、昨年の三月末に、敦君から退職の御祝いの花が届いたという話をした。三人は顔を見合わせて、一斉《いっせい》にテーブルを叩《たた》いて笑った。赤ちゃんたちがびっくりして、泣きだしそうなぐらいだった。

「先生、それは仕方《しかた》ないですよ。私たちを担任してくださった時、決して本当の年齢を教えてくださらなかったから……」

「うん、そうだね。一年早くっても、送ってくれた気持ちがうれしかったわ。……あなたたちを教えてからもう二十五年以上もたつし……あなたたちは、一年しか受け持ってないしね。こんなおばさんになった私をよく覚えてくれていて……」

そこまで言うと、由梨絵が言葉をさえぎって、

「先生、敦君は、よほど先生のことが好きなんだと思いますよ」

「そうそう。こんなことがありましたよ」

明美が手をパチンとたたき、話し始めた。

「敦君《あつし》て、勉強はまあ普通以上にできたと思いますが、とっても運動が苦手《にがて》で体育の時間はいつも苦労していましたよね。体育館でマット運動をした時、前転が終わり後転の練習に入った時、手の平を頭の横に置き、反動をつけたまでは良かったけれど、な、なんと彼は前転をしたんです。その姿を見ていたみんなは、一斉《いっせい》にドッと笑いました」

「その時です。先生が『みんな、笑うな！　笑うでない。敦君は後転をやるふりをして、フェイントで前転をしたらどうなるか……と思って、実験したんだよ！　そうだよね敦君』と言ったのです。彼は真っ赤になりながらも、首をコクンと振りました」

和子が明美の話を受けてそう言った。さらに、

「もちろん、私たちはすぐに笑うのを止めましたよ」

と、続けた。

「エッ！　そんなこと私が言いました？　そんな気が利《き》くことを……」

「言いましたよ」

三人が声を合わせて言った。

私は全く覚えていなかったが、三人は強烈《きょうれつ》な出来事《できごと》として忘れられないらしい。

「おそらく、あの出来事と先生の言葉は、五年二組全員が覚えていると思いますよ」

三十六歳になった彼女たち。あれからもう二十五年。そんな前の出来事《できごと》を克明《こくめい》に覚えている彼女たちに大変驚いた。そして、若き日、信じられないような言葉をかけていた自分がいたことにもビックリだ。

「敦《あつし》君だって、もちろん覚えているでしょうし、あの先生の言葉に『うん』とうなずいた時の敦君のうれしそうな顔。今でも忘れられないなあ」

「忘れられないよね」

三人は、また顔を見合わせてニッコリ笑った。

忘れていた言葉——しかし、彼にとっては忘れられない言葉になっていたのかもしれない。私にとっても、定年前の忘れられない言葉になった。

一年後の三月末、再び敦君から見事《みごと》な蘭《らん》の花が届いた。

「昨年は申し訳ありませんでした。定年おめでとうございます。長い間大変お疲れ様でした」

メッセージが添《そ》えられていた。あの日の彼の笑顔を思い出した。ありがとう敦君……。

# 思いがけないプレゼント

突然、土屋信夫君から分厚《ぶあつ》い封書《ふうしょ》が届いた。

彼はその頃、中学生だった。彼を担任したのは四年生の二学期と三学期だけである。転校生だった彼は、芸術家の雰囲気が漂う大変落ち着いた無口な少年だった。絵を描くと、彼独特の色彩《しきさい》で、一際《ひときわ》目をひいた。なにせ、あまりにも無口な少年であったので、日々どんな会話をしたのかもあまり覚えていなかった。

卒業以来、音信も途絶えがちであったので、突然の手紙に一体《いったい》何があったのだろう……と思って、驚きつつ急いで封を開けた。

中には、一本のカセットテープと、お手紙が入っていた。

「先生、お久しぶりです。実は先日、文化祭があったのです。その時、先輩の高校生が来てライブをやりました。そこに現れたのは、な、なんと先生の教え子の藤本雄大君でした。ギターの弾《ひ》き語りをやってくれました。僕もギターの弾き語りが大好きなので、録音しようとカセットデッキを持参していました。演奏と演奏の合間に色々な語りが入るのですが……その時、藤本君が先生の教え子だということが分かりました。両国高校に通っているというので優秀な人だったんですね。先輩が感動的なことを語ったので、それも全部録音しました。松村先生にぜひ聞いていただきたかったので、テープをダビングしました。差し上げますので、じっくりお聞きください」

へえー、藤本君がギターを弾いて歌っているのね。藤本君は学級で一番背が高くて、ちょっぴり大人びた雰囲気で、四教科はすべて完璧《かんぺき》にできた。その上、体育も図工《ずこう》もできたけれど、音楽の方だけは……そんなにできたという感じではなかった。六年生の時は、すでに声変わりしていたから、歌はあまり歌えなかったのかもしれない。

その彼が、どんな曲を演奏し歌っているのか、とてもワクワクした。すぐにカセットデッキを用意して、急いでテープをセットした。

ところが、ギターでもなく歌声でもなく、いきなり彼の話す声が聞こえてきた。

「美しの丘小学校の松村先生を知っていますか？　知っている人？」

「はーい」

「うわー、こんなにたくさんいるのですね。みなさん、松村先生の教え子ですか？」

「はーい」

会場のざわざわした感じや盛り上がりが臨場感《りんじょうかん》あふれている。三つの小学校から集まってきている中学校なので、私の教え子がそんなにたくさんいるはずはない。

「いい先生でした――。たとえばね、当たり前のように何でも男女でやるのですね。教室の座席も、バスの座席も、体育のスポーツゲームも、普通のゲームも、何でも男女でやるのです。それが徹底《てってい》していましたね。これが結構《けっこう》楽しかったりして……、明るくて、おもしろくて、何でも一生懸命にやる先生でした。しかし、命にかかわることや、人を差別したり、傷つけることをしたりすると、絶対に見逃《みのが》さなかったです。そんな時は、顔を両手で挟《はさ》むダブルピンタがさく裂《れつ》しました。僕も何回かダブルピンタをされました。それでもみんな先生が大好きでした。…………」

うわー　恥ずかしい。みんなの前でダブルピンタのことまで暴露《ばくろ》してるよ……。思わず顔を覆《おお》ってしまった。

テープはその後も延々《えんえん》と、私への賛辞《さんじ》が続いた。穴があったら入りたいぐらいであった。

彼の演奏や歌はほとんど入っていなかった。文化祭でこんなことを喋《しゃべ》らないでよ……と、驚くばかりであった。藤本君の思いは十分《じゅうぶん》に分かって感謝したが……。

それよりも、もっと驚いたのは、たった二学期間しか担任しなかった、しかも、あまり多くを語らなかった土屋君のこの一連の行動だ。藤本君のこの長い語りをすかさず録音し、わざわざ私に温かなお手紙とともに送ってきてくれたことに、いたく感動した。素晴らしい宝物だ。そんなことがあって、しばらくは年賀状や暑中《しょちゅう》見舞いのやり取りだけは続いた。

それからまた、ずいぶん歳月《さいげつ》が流れた。

私が、定年退職を迎える三月の中旬頃、突然一本の電話が入った。土屋君からだった。とっても驚いた。私がどこの学校に勤務しているか、彼に知らせた覚えがなかったからだ。

「先生が、定年退職をするという噂《うわさ》を聞いて、近隣《きんりん》の教育委員会に片《かた》っ端《ぱし》から電話をしました。すると、見事《みごと》ビンゴで、先生が定年退職をすることと、教え子だということを言ったら、勤務先の学校と電話番号を教えてくれました」

お堅《かた》い教育委員会が、よく教えてくれたなあ……と、その柔軟《じゅうなん》な対応に感心した。彼の丁寧《ていねい》な聞き方が、教育委員会の方の心を動かしたのだろう。

三月三十一日、私が学校を去る日だった。彼は自分の作品と、花束を抱《かか》えて私の所にやって来た。彼は四十二歳になっていた。イラストレーターとしてＮＨＫや小学館の仕事も手掛けた。今はフリーのイラストレーターとしての活躍が素晴らしい。たった二学期間の教え子が、定年退職の日に会いに来てくれたことだけでもしあわせなのに……あまりにも立派に育った彼の姿を見ることができて……このようなプレゼントまでいただいて……懐《なつ》かしさと感動で胸が詰まった。

彼の素晴らしい作品は、今も私の部屋で語りかけてくれる。

その翌年、小学校三年生の娘さんといっしょに、セカンドハウスに遊びに来てくれた。私の家のブルーベリーの苗木《なえぎ》を二本お嫁に出した。その後、無事《ぶじ》に彼の家の庭先で実をつけてくれているようだ。

彼の作品がこの本のカバーや挿《さ》し絵《え》になっているので、彼の人間味あふれる世界を、ぜひじっくりご覧《らん》ください。

## 雨にも負けず……

あいにく朝から雨が降っていた。

〈あーあ、今日で教職人生も終わりか……、やり残したことが山ほどあるのに……、その悔《くや》しさが、雨になって表われたのかも？　雨降って地固まる――そう思うことはできなかった〉

定年退職のその日、ひっきりなしに教え子が会いに来てくれた。

その一人一人の訪問がとてもうれしく、教職生活を終えてしまうことが寂《さび》しくて心の中でもずっと雨が降っていた。

雨だとどういう訳か、いつも心が暗く感傷《かんしょう》的になってしまうのは、私だけだろうか？

二階の職員室の窓から、何となく校庭を見ていた時だ。

校門の前で止まったタクシーから、二人の女の人が歩いてきた。一人が肩から提《さ》げたベビースリング（抱っこ袋）の中に赤ちゃんを抱いていた。もう一人は赤ちゃんに雨がかからないように必死に傘をさしている。

どなたか保護者がいらっしゃったのか……、雨の中、大変だなあ～と思いながら眺《なが》めていた。

　間もなくして、主事《しゅじ》さんが、

「副校長先生、教え子さんが二人いらっしゃいました」

　そう言って案内してくれた。見ると、さっき私が何気《なにげ》なく窓から眺《なが》めていた二人だった。

「まあ、和久井栄ちゃんと山縣《やまがた》薫ちゃん。お久しぶり」

　そう言って、隣《となり》の小会議室にお通しした。

「まあうれしい！　松村先生、私たちのことを覚えてくれていたんですか！」

「当たり前じゃないの！　教え子を忘れるほど、もうろくしていないわよ」

「もうあれから二十年以上もたちますし、私たちは四年生の時、一年間しか教えていただいていませんので、たくさんの教え子さんがいる中で印象薄いと思いまして……」

「それに、……私たち二人は、あまり目立たない子供だったと思いますから……」

　栄に続いて、薫が言った。

　二人とも、私がすぐに名前を言ったことに、驚くとともにいたく感心してくれた。私にとっては教え子一人一人が宝物。絶対に忘れることはない。

〈我《わ》が娘たちが、昔よく言ったものだ。そんなに教え子教え子と、教え子が大事だったら、老後は教え子に面倒《めんどう》見てもらいなよ。私たちは知らないよ――と〉

「先生、長い間お疲れ様でした。退職される日にどうしてもお顔を見て、お礼を言いたかったんです」

大きな目をクリクリさせながら、これまた大きな花束を私に手渡してくれながら、栄が言った。花束からは、滴《しずく》がポタポタと落ちた。

「うわーありがとう！　感謝・感激！　たった一年間しか教えていないのに……。本当にうれしいわ。雨の中、花束まで持って来ていただいて……。会いに来てくれただけで十分《じゅうぶん》うれしいのに……」

「いやー、その一年間が最も楽しくて、最も印象に残っています」

なんともうれしい言葉！　教師冥利《みょうり》に尽《つ》きるとはこのことだ。

赤ちゃんは、おとなしくじっとしていた。

「かわいいね。本当に！　赤ちゃん何ヶ月？　雨にぬれなかった？　まだ寒いから風邪《かぜ》をひきやすいからね。気をつけてね」

「三ヶ月を、ちょっとすぎました。雨にぬれないように、薫ちゃんが傘をしっかりさしてくれました」

「薫ちゃんも本当にありがとう。よく来てくれたわね」

「先生にお会いしたかったので……。本当にお久しぶりです。長い間お疲れ様でした」

「栄ちゃん、赤ちゃんはまだ首がよく座っていない時期なので、気をつけてね。無理しなくってもよかったのに……」

「いや、絶対、絶対来たかったんです。だって先生は、こんな何の取《と》り柄《え》もない私のことを、とってもほめてくださいました。三年生の時までは、学校が大嫌いで、勉強も大嫌いでした。それが、先生が担任になってからは、学校が大好きになり、勉強も大好きになったんです」

そういえば、栄はちょっと小太りで、そのことをとても気にしていた。心無い友達が太いことをからかっているのを見て、私は子供たちに話した。

「先生は、昔四十二キロでね！」

「えっ！　うそ〜」

「ホント、ホント、私は嘘《うそ》は申しません。その時代は、骨やガイコツと言われ、涙がチョチョギレました。何ということでしょう？　それが今は、二十キロ近くも太ってしまって……。今度は太いのが悩み。信じられますか？」

「信じられなーい」

「でもホントの話よ。栄さんより私の方がよっぽど太いよ！　太いとかデブとか言うと、私もうーんと気になるから絶対やめてね。死んじゃうかも？」

「先生は、絶対自殺するような人じゃあない。大丈夫《だいじょうぶ》、大丈夫」

「私じゃなくっても人間はみんな弱いので、人の心を傷つけるようなことは絶対にしない、言わない。分かりましたか？」

「はい」

というようなやり取りをしたような覚えがある。

薫も割合優秀だったが口数も少なく、確かにあまり目立たなかった。

そういうごく普通の二人が、悪天候の中、わざわざ来てくれたことに本当に感動した。

感動に浸っていたちょうどその時だ。

「副校長先生、教育委員会から電話があって、教育長が、本日で定年退職する校長と副校長を集めて、最後にお話したいからすぐに教育委員会に来てくださいとのことです」

〈げっ、こんな最後の日にわざわざ呼びつけることもないでしょう？　せっかく雨の中訪ねて来てくれた教え子と、もっともっとお話したいのに！〉

突然の呼び出しを心から迷惑《めいわく》だと思った。その私の気持ちをすぐさま読みとって、

「先生、いいんですよ、もう。先生にお会いできただけでうれしくって、胸が一杯ですから……」

「先生、早く教育委員会に行ってください」

「本当にゴメンナサイ。せっかく来てくれたのにね！　また、お手紙書くね」

後ろ髪を引かれるような思いで二人を校門まで見送り、タクシーを拾って教育委員会に行った。

彼女たちは三十二歳だった。栄は育休中であると思うが、薫は会社を休んでわざわざ来てくれたというのに、ゆっくりお話もできないとは、残念を通り越して無念だった。

それから、お礼を言うのが、いささか遅くなった。セカンドハウスで収穫した夏野菜とともに手紙を送ると、栄から長いお手紙が届いた。

「先生の授業はとにかく楽しかった。（途中省略）……社会の時間には、日本は色々な農産物を輸入に頼っている。だから輸入がストップしたら、たちまち色々な農産物の値段が上がったり、欲しくても手に入らないということも考えられる。だから、自分や家族がいつも安全で安心な物が食べられるように、働くようになって少しでもお金が貯まったら、狭《せま》い土地でも買って作物を自分で作ろう。――なーんてことを言っていらっしゃったこともよく覚えています。先生は自らそれを実践《じっせん》されたのですね。私も先生に続くようにがんばります」

そんなことが書かれていて、思わず笑ってしまった。

手紙をもらい三年がたった頃、彼女は本当に千葉の郊外に家を建て、少しの作物を自分で作り始めたようだ。それからまた二年。栄のあの赤ちゃんは、雨にも負けず……、風邪《かぜ》もひかず、大きくなったことだろう。

そろそろ、赤ちゃんの成長した姿を見てみたいなあ〜。

薫《かおる》さんは、キャリアウーマンとしてバリバリと活躍している。

# 第四章

# 教師という職業が私にくれたもの

# ただの先生ではない

定年退職した後、嘱託員《しょくたく》になった。

嘱託員としての勤務は、大変難しいものがある。

配属《はいぞく》された学校は、五、六年生の学級が崩壊《ほうかい》している状態だった。担任が一生懸命汗水たらして創意工夫《くふう》のある授業をしていても、子供たちはというと、立ち歩いている者、物を投げ合っている者、堂々と漫画を読んでいる者、周りの子供たちと大声で平気でしゃべっている者、みんなが好き勝手なことをしている。想像を絶する状態だった。挙《あ》げ句《く》の果てに担任に対して、

「てめえ〜」

大声で叫ぶ。

「死ね！」

とまで言うこともあった。聞くたびに胸がドキッと痛んだ。

ここまで心がすさんでいては、もう手遅れ。手の施しようもないほどだ。こういう状態になる前に赴任《ふにん》したかった、と心の中で思った。子供たちが、あるいは担任たちがケガを

しないように必死で見守るしか手立てがない状態で、自分の無力さをいやというほど感じてしまった。

それでも、担任を少しでも助けたいと意を決して、理科や社会の授業を単発的にやらせてもらった。

社会では「平安時代の貴族の一日」という授業をやった。

朝何時に貴族が起きるか？　起きたらまず何をするか？　歯磨きはどのようにしてやったのか？　仕事は何時から何時までやるか？　仕事の内容は？　仕事から帰ると何をしたか？　何時に寝るか？　等々をクイズ形式にして、事前《じぜん》に配っておいたわら半紙に答えを書かせた。それを一斉《いっせい》に上にあげさせ、私が書かれた答えを早口で読み上げた。正解を予想させてから、正解を言った。解説して、正解者にはポイントを加算し、誰が一番貴族の一日を予想できるかを競い合わせた。子供たちは授業に集中し、余計《よけい》なことをしている者は誰一人いない。一番と二番の子供たちに、金縁《きんぶち》の賞状を手書きにしてあげた。

「いいなあ〜。言ってくれたらもっとがんばったのに……」

もらった子供たちの方をうらやましそうに眺《なが》めている子供もいた。

「先生、おもしろかった」

「楽しかった」

目を丸くして言ってくれた。

興味をもたせる授業の大切さを痛感した。

理科の授業も目先を変え、「考える理科」の授業を行った。この世の中のすべての物を二つに分けると、どういう分け方があるか？　を考えさせた。

様々《さまざま》な意見が出た。

「男と女」

「おかまは？」

すかさず声が飛ぶ。

「都会と田舎《いなか》」

「金持ちと貧乏」

「海と空」

「うんことしっこ」

みんなドッと笑った。ほら来たか？　この学級の子供らしい答え。私はわざとまじめな顔をして、黒板《こくばん》に平然と書いた。うんちとおしっこと。

「先生、うんことしっこだよ」

「うんちの方がかわいいからね」

「キャー先生、そんな答えも書くんですか？」

みんな大笑いをしている。

「当たり前じゃあないの！　みんなの大切な意見だもの。どんな意見もちゃんと板書しますよ」

「ふーん、そうなんだ」

「そんな答えを書く先生いないよ」

「…………」

「先生は、普通の先生じゃあないね」

「…………」

「ただの先生でもないね」

「…………」

急に笑い声が止まった。

それからはさらにまじめに考えるようになった。様々《さまざま》な意見が三十以上も出てきた。

全部出してから、違うと思う物をみんなで消去していった。もちろん、一番最初に消えたのは？　言わずと知れた「うんちとおしっこ」だった。発言者が自ら取り消した。

「…………」

「動くものと動かないもの」

「生きているものと死んでいるもの」

……う～ん、段々正解に近づいてきたよ。

「そうそう、ほぼ正解なんだけど、それを何と言うかなあ？　分かった人はノートに書いて持って来てください」

やっと、「生物」と「無生物」にたどり着いた。

そして、「生物」をまた二つに分ける。……これは「動物」と「植物」に比較的早くたどり着くことができた。

次は、「すべての生物に共通して言えることは？」

考えたら、どんどんノートに書いて持って来させた。

「酸素を吸って生きている」

「栄養をとる」

「やがて死ぬ」

「一日は二十四時間である」

次から次へと集中して考えている。遊んでいる子供は誰一人としていない。こんなに夢《む》中《ちゅう》になっている子供たちの姿を初めて見た。

「楽しかった――」

「今までこんなに一生懸命考えたことなかったよ――」

私の周りを目をキラキラ輝かせた子供たちが取り囲む。

「社会も理科も楽しかったな」

「先生、次は何の授業をしてくれるの？」

「うんうん、楽しみ」

「ホントホント」

口々に話す子供を見て思った。

〈――これじゃあダメだ――担任からますます心を遠ざける結果になり、やがては担任をつぶすことになる――〉

反省した。


それからしばらくして事件が起こった。

九時を少し回っていた。いつものように遅刻をしてくる子供のフォローをするために、玄関にいた。その時だ。ものすごい形相《ぎょうそう》をして祖母《そぼ》と思われる方が入って来られた。

「担任を今すぐここへ呼んで来い。孫がみんなからシカトされていじめられている。けしからん！　いじめた子供は分かっている。私から注意する。今すぐ子供たちも呼んで来い」

すごい剣幕《けんまく》でまくしたてた。怒《いか》りが体中からあふれていた。私は努めて冷静に、

「そうですか？　分かりました。かわいいお孫さんをいじめる友達がいるんですか？　よ〜くお話を承りますが、教師は授業が命ですのでしばらくお待ちください。二十分休みには、担任と意地悪《いじわる》に関わった子供たちを全員会議室に連れて来ます。責任をもちますので、どうか十時十五分にもう一度来ていただけませんか？」

心を込めて言った。

「分かりました。先生はどなたですか？」

「あ、申し遅れました。ごめんなさい。嘱託《しょくたく》員の松村です」

「あ、先生ですか？　楽しい授業をしてくださるという……、ただの先生じゃあないという先生は……、分かりました。先生に免じて今行くのはやめます。また後で来ます」

帰って行かれたので、ほっとした。授業中に教室に踏《ふ》み込まれるという最悪の事態だけは避けられた。二十分休み、昼休み、放課後と、子供たちの言い分を担任とともに聞くと、ちょっとした行き違いがあったことが分かった。子供たちはお互いに納得《なっとく》し、最後は握手《あくしゅ》をして無事《ぶじ》に解決した。

それからしばらくして、図工《ずこう》室で彫刻刀《ちょうこくとう》を使う授業があった。教師になって三年目の若

い図工の専科《せんか》の先生からは、いつも図工室で授業を見守ってくれるように言われていた。とりわけ、彫刻刀を使うのでは、友達を傷つけるような事態になったらいけないので、注意深く見守った。

机をドンドンとたたいて、大きな音を立てていた安永重信君が気になった。一体《いったい》何をしているのだろうと思ってそれとなく近寄って行った。その時だ。急に私の方《ほう》に手を振り上げた。しかし、私は微動《びどう》だにしなかった。

「先生、僕が手を振り上げたのに、どうして頭をよけたり、体をよけたり、僕の手をつかんだりしないの？　普通の先生ならみなそうするよ。何やってるんだと怒《おこ》る先生もいるよ」

「そう、私は普通の先生じゃあないのよきっと。それに、重信君は決して私をぶたない子だと信じているからね。だから、体をよけたり手を押さえたりする必要がないと思ったからね。現に重信君は、私をぶたなかったじゃあないの！」

彼は急にニコッと笑い、

「うん！　先生は今まで普通のおばちゃん先生だと思っていたけど、そうではなかったんだね。ただ者じゃあないね。ただの先生ではないね」

自分に言い聞かせるようにそう言った。

残念ながら、それからも六年一組、二組の崩壊度《ほうかい》は日に日に増すばかりだった。私は、彼ら悪ガキと呼ばれる子供たち一人一人の良い所を見つけてはほめたり励《はげ》ましたりしていた。そのうち、

「一組と二組の悪ガキを集めて六年三組を作りたい。担任は松村先生がいいや。校長先生に頼んでくるよ」

「うん、そうだ。それがいい」

大勢の子供たちにそう言われた。すぐにでも校長室に駆《か》け込む勢いだった。

「ちょっと待った！」

大声で呼び止めた。子供たちは私の大声に驚いて止まった。

「そんなことはやめなさい。一組、二組の先生に失礼です。そんなことはできません。二人とも、とても良い先生です」

これ以上六年一組、二組に関わっていると、本当に担任をつぶすことになる。つかず離れずの距離を保っていこうと思った。

その頃、担任は心身ともにクタクタになっていて、病気休職を取ろうかと思うという相談もされていた。

「がんばりなさい。何としても休職しないでね。支えていくから」

そう励《はげ》まし続けた。

かといって、担任に代わって教科を教えるのもよくない、そうだ道徳を担当しよう。子供たちの心に少しでも響《ひび》くような道徳指導を。私が今までに教えた子供たちから学んだ感動を伝えよう、そう思って感動の実話をまとめ、道徳の教材にした。

【今度生まれてくる時も】（前著『学級愉快《ゆかい》』に収録）

両親とも聴覚障害者の教え子の結婚披露宴《ひろうえん》に招待された時のことだ。両親に代わって招待者に最後のあいさつをした。「ぼくの両親はろうあ者（と言ってはいけない）です。音声による会話は全くありませんでした。しかし、両親は深い愛情で僕を育ててくれました。……（中略）……、今度生まれてくる時も、この父この母のもとに生まれたいです」そう言った話だ。

【ただの一度も言われなかった】（前著『学級愉快』に収録）

小学校の時に、少年野球チームに入っていた学級の子供たちを励《はげ》ましていた。甲子園《こうしえん》に出ることを期待している、と一人一人の名前を挙《あ》げて。その中に一度も名前を挙げなかった子供がいた。少年野球に入っていることも知らなかった。月日がたって、突然、その彼が高校の卒業証書を見せに来て、「小学校の時、一度も自分の名前を言われなかったが、野球を中学高校と六年間がんばって来られたのは先生のおかげ。感謝している」と言われた。深く反省しているという話。

【負けてもいいから…】（本書32ページ掲載）
私は日頃から学級の子供たちに、〝参加するからには勝て〟と教えてきた。マラソン大会の前日、予備マラソンで一位になり、その直後に倒れた子供がいた。風邪《かぜ》をひいていて調子が悪いのに走ったらしい。私は「明日は負けてもよい。命が大切だから」と何回もそう言った。マラソン大会の当日、彼はダントツの走りで優勝した。負けることが大嫌いな私の「負けてもよい」と言う言葉に、これは余計《よけい》負けられないと思って奮起《ふんき》したという話。

このような実話の道徳教材を使った授業は、信じられないくらい子供たちは集中して聞いてくれた。誰一人としてふざけない。そればかりか目に涙を浮かべているような子供もいた。
「今度生まれてくる時も」の感想で、
「僕も一生に一度でいいから、そういうふうに人を感動させたり泣かせたりすることを言ってみたい」

「今日から僕の生き方を少し反省し、変えていきます」

「良い話で涙が出ました」

などの素晴らしい発言があり、その一言《ひとこと》一言にジーンとくるものがあった。どの子も素直な心をなくしていない。ちょっと歯車が狂い、子供の心をうまく受け止められなかったことで、学級経営が上手くいかなくなってしまうこともあるだろう。最初が肝心《かんじん》。つくづくそう思った。

何回も、教え子の感動話を教材にした道徳の授業を繰《く》り返しているうちに、

「先生、もっと感動話を知りたいから本にしてください」

「うん、先生もそのうち本にするつもり」

「いつやるの?」

「三年後かな?」

「約束したよ。本当に三年以内に出してね」

「僕買います」

「私も」

「私も」

変な約束をしてしまった。

私は、その約束を守るために嘱託員《しょくたく》を辞《や》めた。教師を続けながら、片手間《かたてま》にはできない。少しでもみなさんに読みやすいものにと思って、後にエッセイ教室にも通うことになった。こうして、あの子供たちの発案によって、教え子たちの感動話をまとめ、本にすることができたのだ。何と感謝したらよいのだろう。


あの図工室《ずこう》で手を振り上げた重信君は卒業前に言った。

「先生、僕がそのうちに甲子園《こうしえん》に出て、プロ野球の選手になったら、テレビに出て来てきっと言うんでしょう? 重信君はとんでもない悪ガキで、どうしようもない子供だったって。言おうと思っているでしょう?」

私の顔をまじまじと眺《なが》めながら、答えを待っていた。

「馬鹿《ばか》ね。そんなことを私が言うと思っていないくせに……。私は言うわ。次から次へとアイディアを出せる子で、みんなの人気者で、学級をいつも明るく楽しくしてくれました。学級のリーダーでした。良いことを並べて言うわ。でもね、担任でもない私がテレビ局に呼ばれる心配もないから大丈夫《だいじょうぶ》よ」

「いや、僕は松村先生に僕のことを語ってもらいたいな〜」

「こんな、普通の先生でない私でいいの？」

「うん」

彼は中学二年生で全国大会に出場した。高校生になっても、野球の名門校で毎日毎日、野球の練習に励《はげ》んでいるそうだ。一生懸命にがんばる彼を知り、ただの先生でない私の出番がいつか来る日があるかな？　などと今も期待している。

## 夏の日の怒《いか》り

校庭の木々から、蝉《せみ》の声が激しく聞こえる暑い夏の日だった。

世間では連日のように、熱射病（日射病も含め、今は熱中症と呼ばれることが多い）で運ばれる人が多いとか、死者も出ているから注意するようにとの報道がされていた。夏休みであったが、嘱託《しょくたく》員の私も勤務についていた。

校庭の隅《すみ》にあるプールでは、夏季《かき》の水泳指導が行われており、水しぶきが上がっているのが職員室からもよく見えていた。

実は私は水泳指導が大好きで自信もあった。嘱託員の私には残念ながらプール当番はない。それでも指導をしたいという気持ちはあったが、校長は嘱託員を当てにしていないので、仕方《しかた》がない。

職員室の窓越しにぼんやりとプールの方を眺《なが》めていたが、プール指導をしたいとウズウズしている自分がそこにいた。

そうこうしているうちに、プール指導を一通り終えた三人の当番の先生が、髪も乾かないうちに職員室に戻ってきた。何やらおかんむりで、時折荒々《ときおりあらあら》しい声が聞こえてくる。

　よく聞いていると、学級がほぼ崩壊《ほうかい》している六年生の子供たち三人が、自分たちの指導を全く無視し、騒いだりふざけたりして大変だったというのだ。指導が混乱したと三人とも、ぷりぷり怒《おこ》っている。思わず口を挟《はさ》んでしまった。

「……それで、その騒いだ子供たちをどうしたんですか？」

「プールサイドに、しばらく立たせました」

「それで……」

「それでもまだプールサイドで騒いでいたので、家に帰しました」

　そこまで聞いて唖然《あぜん》とした。

「えっ、家に帰したんですか？」

「はい、あまりにも態度が悪くて、まじめに練習している他の子供たちの指導の妨《さまた》げになりますから……」

　私は今まで、先生方の指導のおかしさや、不思議さを目《ま》の当たりにしても、ぐっと我慢《がまん》していた。嘱託《しょくたく》員としての立場なので遠慮《えんりょ》していたのだが、その言葉を聞いて一気に爆発した。

「家に帰らせたんですか？　子供たちの気持ちになって考えてみてください。子供たちは、水泳指導を受けたいというやる気があったんですよ。だから、この暑さの中、がんばって学校まで来たんですよ。それをプールに入れないで帰すなんて、それでいいんですか？　しかもこの暑さですよ。もし途中で日射病で倒れて重篤《じゅうとく》な状態になったり、交通事故にあったりとか？　……交通誘導員も立っていない時ですから、不審者に連れ去られるということだってあったかもしれませんよ」

三人の顔色が一斉《いっせい》に曇った。

「第一、プールサイドで立たされていたのでは、暑さも限界だったかもしれませんよ。それに、もし先生方が帰された子供たちの保護者ならどうですか？『せっかくプール指導を受けたくて学校に行ったのに、なぜ帰されたんですか？』と、苦情《くじょう》の一つも言いたくなるのではありませんか？」

「でも、あれだけふざけられたんでは……」

「その気持ちは分かります。あの子供たちは普段からずっと騒いでいる子供たちですから……。それでも方法はあります。私たちはお金をいただいている教育のプロですよ。最善の方法を考えなくては……。プールサイドで立たせていて、暑いと思えば時折《ときおり》バケツかホースで水をかけてあげると、先生たちは僕たちのことを考えてくれているんだなあと思えるんです。『きちんとプールサイドで見学していたら、他の子供たちの休憩《きゅうけい》時間にプールに入れてあげるよ。広いプールに三人だけだよ。広ーく使えて泳ぎやすくて得だよ』とかなんとか……、『六年生だから、泳ぐのが上手いんでしょう？　お手本としてみんなの前で泳いでもらおうかなあ』と言ってみるという手もあるでしょう？　三人の指導体制なんだから、何とかなるでしょう？　それでもどうにもならない時は、職員室にSOSを出したら、飛んで行きましたよ」

三人はうなだれて、じいっと聞いていた。

私はそこまで言って、思わず黙ってしまった。あの子供たちならふざけることはあるだろうと、SOSを出されなくっても行くべきだったのに……。それを予知できたのに、知らぬ顔をしていた自分こそ一番いけなかったのでは？　心の中で、自分に対する怒《いか》りが爆発したのだ。それは、三人に対する爆発よりはるかに大きかった。

三人の中の新規採用教員が、うっすらと涙を浮かべていたのを見て、心が痛んだ。

「玉井先生は、今年初めてのプール指導だから、どうしていいのか分からなかったと思うけれど……、でも後のお二人はベテランなんだから、ふざける子供たちの指導方法をよーく考えてみた方がいいですね。これからもきっとそういう子供たちはいますよ。私も、今まで色々な子供たちに出会いました。すべての子供が、先生の指示に従《したが》うなんてことはあり得ませんから。子供の気持ちになって、あるいは、ふざける子供たちの保護者の気持ちになって、いつも考えた方がよろしいかと思いますよ……」

そう言いつつも、とても後味《あとあじ》が悪かった。

「言い過ぎたかもしれませんね、ゴメンナサイ」

ふと見ると、そばに座っていた副校長は何も言わずただうなずいているだけだった。

みんなが更衣室に着替えに行った時に聞いた。

「副校長先生、私は間違ったことを言いませんでしたか？」

「いいや、言いにくいことをよく言ってくださいました」

そう言ってもらったのは救いだったが、なぜかスッキリしなかった。校長に対する不信感から、子供たちや同僚《どうりょう》の先生を見捨ててしまっている自分に対する怒《いか》りが、まだまだくすぶっていたからだ。


帰りがけに、一部始終《しじゅう》を見ていた新卒三年目の先生に、こんなことを言われた。

「松村先生、私は先生を見習いたいです。子供たちがふざけたらいつも子供たちが悪いと、子供たちのせいにばかりしていました。松村先生は、どんなにふざけた子供や、指示を聞かなかった子供たちに対しても、決して子供が悪いとはおっしゃったことがありませんね。私は、これからの教員生活で、子供たちの悪口を言わない先生を目指します。今日のプール指導の先生方におっしゃっていたこと、よーく肝《きも》に銘《めい》じておきます」

確かに私は子供たちの悪口を言ったことはないが、実は、今まで幾度《いくど》か校長の悪口は言ってきた。心の小さい人間だ。あーあ、また自分への怒《いか》りが湧《わ》いてきた。

本当に後味《あとあじ》が悪すぎて忘れられない。自分自身への——夏の日の怒り——。

# あ〜あ、我《わ》が人生に懺悔《ざんげ》

やっと夢が叶《かな》えられた。

長い長い教員生活で教え子や同僚《どうりょう》や保護者からもらった感謝・感動の数々を、後世《こうせい》に何としても残したかったのだ。それが自分の人生にはどうしても必要だと思っていた。学級愉快《ゆかい》、それが私の夢だった本のタイトルだ。完成した時には本当にうれしかった。

出版を機《き》に、そのうれしさに拍車をかける出来事《できごと》が次から次へとやって来た。

ある日突然、奈良県の最初の教え子から電話がかかって来た。彼女の結婚式に招待されて以来だから二十数年ぶりだ。息遣《いきづか》いも荒く声が弾《はず》んでいる。

「先生、びっくりしたよ。関西《かんさい》のＡＢＣラジオで放送されている〝おはようパーソナリティ道上洋三《どうじょうようぞう》です〟の今日の本のコーナーで『学級愉快』が紹介されましたよ。あ、先生だってすぐに分かりましたよ。私までうれしくなりました。さっそく本を買って読ませてもらいますね」

「そう、それはうれしいわ」

二十数年の時を埋めるように話は延々《えんえん》と続いた。途中、電話代金が頭をよぎり、

「またゆっくり話そう！」

と言って、無理に電話を切ってしまったような気がする。

その日は、友人や教え子から、次から次へと同様の電話やお知らせメールが届いた。ラジオの威力《いりょく》はスゴイと感心した。


それからしばらくたって、昔いっしょに働いた主事《しゅじ》さんから突然電話が入った。

「先生、本を出されたんですね。おめでとうございます。新聞の東京版に載《の》っていてびっくりしました。さっそく読ませていただきます」

久しぶりに声を聞けてうれしかった。

他にも電話やメールで懐《なつ》かしい教え子や保護者、昔の同僚《どうりょう》たちの声を聞き、メッセージもいただいて、その後多くの再会を果たした。

また、出版したことが、教え子から教え子へと伝わり、音信不通だった人から突然メールが入ったり、電話がかかってきたりということもあった。それがきっかけとなり、家に遊びに来る教え子や、外で会う教え子も増えた。

二十年も三十年も音信不通や、行方《ゆくえ》さえ分からなかった教え子と、また交流できるよう

になったのだ。本を出すことにより、人生の宝物がぐっと増えた。また、自分を見つめ直し反省する機会をもてたことにも感謝したい。

四十年以上も、年賀状のやり取りだけが続いていた最初の教え子からの突然のメールには驚かされた。誰かから出版のことを聞いて、彼は同級生一人一人に電話やメールで知らせてくれたという。会社の得意先《とくいさき》の奥さんにまで本を薦《すす》めて買っていただいたり、読者を次々と増やしてくれたりした。

「先生は昔、僕のことをすごーくほめてくださいました。こんなことがありました。兄が練習していた漢字を見ていて、僕は読み方を覚えていました。翌日の国語の時間に先生が、この字の読み方分かる人はいますか？　と質問されて、運よく答えられた僕に、先生は、亮君、すごい！　天才！　カッコイイ！　とものすごーく何回も何回もほめてくださいました。日記を書いたら、うまい！　すごい！　才能あるね！　とまたまたいっぱいほめてくださいました。そのうれしさを四十年たった今でもはっきり覚えています」

また、こんなこともあった。

昔の教え子のお母さんに電話をした時に、

「本を出したんですよ」

とお知らせすると、

「うわーそうですか。それは素晴らしい。先生が出された本ならすぐに読みます。先生に教わった時、先生は息子をいつもほめてくださいました。隆一君は本当に物知りだね。まるで博士みたいだねと何度も何度も言ってくださったので、お友達からも博士博士と呼んでいただくようになりました。それから息子がよく勉強をするようになりました。おかげさまで希望の私立中学に入学できました。みんな先生のおかげと息子ともども本当に喜んでいます。何という本ですか？　お友達にも宣伝します」

と、言って喜んでくださった。

人はほめられた経験を決して忘れないんだなあ。私は二人を意識的にほめたわけではないが、ほめられた時の気持ちは長い年月を経ても色あせず、うれしかった思い出となって残っているのだ。いや、年月がたてばたつほど感動の風船は膨《ふく》らんでいるのかもしれない。

私は教員時代のことを思い出した。

職員室で大声で話している教員がいた。

「うん、もう全く、〇〇は、もう信じられない。今日もこんな悪いことをしてくれて……」

毎日毎日、子供の悪いことを自慢しているかのように話す。

信じられない、信じられないと、毎日毎日子供の欠点ばかり話す教員。私は、密《ひそ》かに「信じられないさん」と呼んでいた。まるで自分の恥《はじ》をさらけ出しているということが分からないのだろうか？　残念だなあ。こういう人は、子供の良さが見えないで、悪いことばかりが視野《しや》に入るのかもしれない。子供は悪いことをするものだ。悪いことも含めて子供なんだとどうして思えないいんだろう。そう思いながら、いつも冷やかに眺《なが》めていた。こんな人は、早く教員を辞《や》めた方が子供たちがしあわせだとさえ思った。

自分は子供の悪いことを職員室で話したことは一度もない。いつも子供たちをほめてきたつもりでいたが、それでもきっとたくさんたくさん子供たちの良さを見逃《みのが》していたことだろう。気がつかなかったこともあるはずだ。「一生忘れない」ほどの思い出を残してあげることができなかった子供もたくさんいるに違いない。何と申し訳のないことだろう。

そう考えると、心にすきま風が吹き、どっと疲れが出た。

「あ〜あ、もっともっとほめたかった」

「あ〜あ、もっと子供たちの良さを認めたかった」

後悔《こうかい》、後悔、後悔、――耳が、がんがんとなる。

やり直せるものなら、もう一度最初から教員をやり直したい。この歳になって、懺悔《ざんげ》の気持ちがどんどん膨《ふく》らむ。

教え子たちに対しては、まだ少しはほめてこられたかもしれないが、我《わ》が娘たちにはどうだったろう？　顔が青ざめた。

あ～あ、ほめたためしがない。もう一度一から育てたい。ほめてほめてほめまくって育てたい。

あ～あ、我が人生に懺悔――。

# あとがきにかえて
## 〝感動の特急便〟

アマゾンに私の本のレビューがまた一つ入った。

初めて私が教師になった奈良県の山辺郡山添村《やまべぐんやまぞえむら》「春日《かすが》小学校」で、教えた子供からだった。くりくり目玉でいつも笑顔を絶やさなかった、温和《おんわ》で人と争う姿を一度も見たことがなかった小沼良夫君だ。とてもうれしく、瞬時《しゅんじ》にして当時の彼の顔が浮かんできた。同時にあの時の若くてハツラツとしていた自分も蘇《よみがえ》ってきた。

気合を入れて書いてくれていた。タイトルが「我《わ》が誇《ほこ》りです」とは……、ほこり違い？ ひょっとしたら埃《ほこり》？ などと思い、クスッと笑って読み始めた。

「著者である松村二美《ふみ》先生（まだ旧姓《きゅうせい》でしたが）の最初の赴任《ふにん》先の教え子、いわば一期生です。今から四十四年前、小学校二年生の時に奈良で担任をしていただきました。幼いながらも先生には強烈《きょうれつ》な刺激と愛情を受け、その後の人生に多くの良い影響を与えて頂いたと感謝しております。今は五十一歳になりますが、今回先生が本を出版されたと聞いてAmazonから購入し、普段あまり本を読む方ではない私がこの本は一度。ページをめくったら最後、興味深く引き込まれ、あっという間に読んでいました。きっと自分のことが書かれているだろうと次か次かと期待し遂《つい》に最後のページに至ったというのが正直《しょうじき》……というのは冗談で……」

いや、冗談ではない。多くの教え子は自分のことや、自分たちの学級のことが書かれているだろうと期待をもっている。次こそは、次こそはとその登場を期待して、一気に一冊を読んでしまうというのが本音というか正直な感想だと思う。彼も、多くの教え子がそうであったように、実は期待していたと思う。

以前、一度に五冊買ってくれた教え子が、自分たちの学級のことがないとしょげかえっていたことがあった。申し訳ない気持ちでいっぱいになった。そんなことがあったなあ……と思いながら先を読み進めた。

「実は読んでいくうち内容がリアルで自分の人生訓になり、今の課題の解答を発見させてくれる読み物であったからです。私たちを受け持って頂いた奈良の山村《さんそん》から、東京に移られ都会の学校で繰《く》り広げられる体当たりの実話。情熱的な授業、問題があれば本音でぶち当たり解決。生徒、父兄《ふけい》と結ばれる絆《きずな》、本物の信頼《しんらい》関係が築けた素晴らしい多くの教え子が宝物となって全国にいると思います。「おわりに」で書いておられる、人間の一生はほんの一瞬だから出会いを大切に輝く人生を、感動感謝を与えられる実践《じっせん》を常にしてこられたのだと思います。私も先生のようになれるよう、これからの人生に大いに役立てたいと思います。人生の恩師《おんし》松村先生がたくさんの人に愛され、このような素晴らしい出版をされたことを誇《ほこ》りに思える本です」（原文のまま）

ここにも誇りとあるから、間違いではなさそうだ。

なんだか、こそばゆい感じだ。彼は、自分のことや、自分たちの学級のことが全く入っていないということに、大いに失望したはずだ。

「ごめんなさいね」

声に出して呟《つぶや》いていた。

そのレビューを読んでいると、自然に教師になった頃のことが蘇ってきた。

そこは、静かでのどかな山村《さんそん》であった。四季折々《しきおりおり》の変化を、野に咲く花に、さえずる小鳥に、鳴いている虫に、植物の実りに感じられ、それだけでも情操《じょうそう》が育つように感じられた。自宅から通うには少し遠かったため、学校近くの民家《みんか》の離れに下宿《げしゅく》させていただいた。下宿先から学校までは結構《けっこう》な距離を歩いたが、周りの景色《けしき》に感動しているうちに着いた。時には、私の後ろを野良《のら》犬が、五、六頭ついて歩いていることもあった。なぜか犬にはモテたのだ。吠《ほ》えられたり噛《か》まれたりしたことは、幸《さいわ》い一度もなかった。

人を教える教師という職業に就《つ》けたことがうれしくて、休み時間も、放課後も、土日も、祝日も毎日毎日、子供たちと遊びまわった。

中でも、強烈《きょうれつ》な思い出が三つある。

一つ目は、プール指導の時のことだ。いつも子供といっしょにプールに入った。少し水が冷たい日でも、若き情熱でたちまち水温も二、三度上昇しているような気分になった。

「ソレー」

ある日、ワンパク坊主だった山中勝久君の合図で、男の子が一斉《いっせい》に私の水着を脱がしにかかった。もう、驚きも頂点に達し、夢中で抵抗した。異変に気がついたベテランの先生が数回怒鳴《どな》った。

「ヤメナサイ！」

間一髪《かんいっぱつ》で露出《ろしゅつ》は避けられたが、まさかこんな行動に出るなんて……、心臓がドックンドックンといつまでも鳴りやまなかった。

二つ目は、私の教室の机の引き出しの中に色々なものを入れ私を驚かそうというイタズラ。はじめはミミズがたくさん這《は》っていた。

「うわーかわいいね」

机の中に手を入れ、ミミズを撫《な》でるふりをした。

「なーんだ、つまんない。先生驚かないいんだね」

「うん、平気平気」

平然としていたが、放課後何重にも重ねたティッシュペーパーで、外に放り出すのにひと苦労だった。

次は、引き出しを開けると一斉にピョンピョンと跳《は》ねる物があった。

「まあ、かわいい」

「なーんだ。先生はカエルも怖《こわ》がらないんだね」

「当たり前よ。かわいいじゃあないの！　人間の方《ほう》がよっぽど怖いよ」

「えっ、人間の方が怖いって？」

「うーん、今、色々話しても君たちには分からないと思うよ」

「フーン……」

それからも、トカゲや、何かの幼虫が入っていた。しかし、いつも平然としていた。

そんなある日——

机を開けた私は、思わずのけぞって、後ろにひっくり返った。

「やめて！　誰よ、これだけはダメ！　早く誰か外に出してお願いお願い！　一生のお願い！」

そう、名前を言うだけでもぞっとするヘビ——これだけは、どうしてもどうしてもいやなんです。顔面蒼白《そうはく》になり、必死に懇願《こんがん》する私を見て、これは大変と思ったらしく、子供たちは誰一人笑わなかった。そして、誰かがすぐに出てきて、それをひょいとつまみ外に放り投げた。気の利《き》く女の子が、机の引き出しの中身を出して紙で拭《ふ》いてくれ、また誰かが引き出しを流しの所に持って行き、すかさず洗ってくれた。

机の中の物は、ほとんど捨てた。

「先生、ゴメンナサイ」

いたずらをした子供が自主的に謝りに来た。

しかし、私はその日一日中《じゅう》体の具合《ぐあい》が悪かった。

三つ目も、それの話。

私は、毎日、学校から帰るとすぐに自宅の郵便ポストを開ける習慣があった。当時付き合っていた今の夫の住《す》まいは離れていて遠距離《えんきょり》だったために、こまめに手紙を出し合っていた。今のように携帯《けいたい》がなかったし……。それに、下宿《げしゅく》している私を心配して友達が頻繁《ひんぱん》に手紙をくれたから、よくポストを確認していたのだ。

ある日、ポストを開けると……、出た——あれが、

「ギャー」

大声を上げて、これまたひっくり返った。それを草陰で見ていた子供たちが、

「ウワーイ、ウワーイ」

と一斉《いっせい》に歓声《かんせい》を上げた。

「馬鹿《ばか》！　これだけはやめてって、あんなにお願いしたのに……」

「やめるから、お願いがあります。先生の彼氏に会いたいのです。だから、この村に来てもらってください。それを約束してくれたら、二度としないから。ね、ね、お願い。いいでしょう？」

「いいも何も、彼に聞かないと分からないよ」

「お願い。聞いて聞いて」

「まだ、結婚するかどうかも分からないんだよ」

「それでもいいから、どんな人か見てみたい。先生に似合う人か僕たちみんなが見てやるよ」

なーんて、生意気《なまいき》なことを言う子供たち。でも、結果的には、子供たちの願望《がんぼう》を叶《かな》えてあげた。彼が子供たちの前に姿を現《あらわ》すと、

「かっこいいよ。合格合格」

そう言ってくれたちょっと生意気な子供たち。彼にとって私が合格かそれが最も問題だった。しかし子供たちの押しの一手とお願いが通じた。いや子供たちが縁結びの神様になってくれて、見事《みごと》、結婚することになったので、子供たちのあの事件がきっかけだと言える。子供たちの限りない愛のおかげで、日本一の素晴らしい夫といっしょになることができたことは、これこそ感謝感動である。

まだまだ、山村《さんそん》での教員生活には、本当に色々な思い出が心の中にぎっしり詰《つ》まってい
る。あんなこともあったなあ、こんなこともあったなあ……と思い出していたら、とうと
う夜が明けてしまった。

それからしばらくして、長いメールが届いた。あのレビューを入れてくれた小沼良夫君
からだった。

「色々な、感動話を読み、東京の学校に行ってからの教え子が、大学の先生や、医者や、
社長になっているのを知り、ちょっぴりうらやましかったです。

しかし私には四十四年前の初々しい西川先生（私の旧姓）の姿が一番です。
下宿《げしゅく》先の離れにみんなを呼んでくださり、コーヒーカップや、湯呑《の》みでラーメンや飲み
物をいただいた楽しい思い出、学校では絵の描き方、日記をつける大切さ、マラソン大会
を詩に表現するコツ等々を教えていただいたことは今も脳裏《のうり》に焼きついています。

中でも最も印象に残っているのは、漢字を家で兄に教えてもらったのが、たまたま国語
の授業で質問された時、運よく答えられたのを先生にたいそうほめていただいたり、日記
を書くのを忘れていったん寝てしまっても、むっくと起き出し必ず書いているということ
を母から聞いておられて、みんなの前でほめてくださったりと、それになんといっても洒《しゃ》
落《れ》のセンスを学んだことでした。また、うちわの大きなのを持って来て、〝ベトナムのハ

工叩《たた》き〟なんて言って、笑わせてくれました。とにかく毎日毎日がおもしろかったです。人をほめて伸ばす大切さとダジャレは、今も人とのコミュニケーションに大いに役立っています」

これを読んだ時に、「感動の特急便提供《ていきょう》」第一号だと思った。出版した本の「おわりに」に、私が忘れている感動がもっとあると思う。そんな時は、感動の提供を……と書いていたので、彼はそれを実行してくれたのだ。

私も、うかつだった。教師になっての、初めの一歩を過ごした強烈《きょうれつ》な日々、大切な思い出、自分自身の幸せの原点を築いたあの春日小学校のことを、なぜ書かなかったのだろう？　と後悔《こうかい》した。

小沼良夫君はその後、私の本のことを、あの当時の同級生に次から次へと広めてくれた。すでに購入して読んでくれていた教え子も多かったが、まだ知らなかった教え子には、ことごとく伝えてくれ、さらには、日頃のコミュニケーション能力をフルに発揮《はっき》して、会社の得意先《とくいさき》の方、昔からの知人、友人など驚くほど多くの方に宣伝してくれた。おかげでたくさんの方々が、実際に購入して読んでくださったようだ。毎日入る「購入していただいたメール」を見ては、彼のコミュニケーション能力は、けた外れだなあ……と思わずにはいられなかった。

こんな風にしてたくさんの教え子たちが私の書いた本を読んでくれた。そして、他にもこんな思い出があるよと教えてくれる。そんな〝感動の特急便〟がこれからも、もっともっと届くといいなあ……。そう窃《ひそ》かに願っている。

松村 二美（まつむら　ふみ）

1947年奈良県桜井市に生まれる。

奈良県の小学校教員となる。

結婚後、東京都へ。

4人の子供を育てながら、小学校の教員を続ける。

特別活動の研究を続け、東京都特別活動研究会学級活動部部長となる。

また、東京都教育委員会の任命を受け、特別活動の研究員・開発委員として研究を続ける。

文京区や江東区の新規採用教員の宿泊研修の講師、都立教育研究所で特別活動の研修会の講師などを務める。

その後、目黒区立月光原小学校の副校長となり、2008年、江東区立豊洲北小学校副校長で定年退職。

2013年『学級愉快』を出版。

学級愉快Ⅱ ～きらり、ほろり、しんみり、今伝えたい涙の実話～

2015年12月23日　第1刷発行

著　者　松村二美
発行人　大杉　剛
発行所　株式会社 風詠社
〒553-0001　大阪市福島区海老江 5-2-7
ニュー野田阪神ビル4階
TEL 06（6136）8657　http://fueisha.com/
発売元　株式会社 星雲社
〒112-0012 東京都文京区大塚 3-21-10
TEL 03（3947）1021
装幀　2DAY
印刷・製本　シナノ印刷株式会社

ISBN978-4-434-21509-4 C0037

乱丁・落丁本は風詠社宛にお送りください。お取り替えいたします。